Kenkyu Sosho No.630

アラブ君主制国家の存立基盤

石黒大岳：編

IDE-JETRO アジア経済研究所

研究双書　No. 630

石黒大岳編
『アラブ君主制国家の存立基盤』

Arabu Kunshusei-kokka no Sonritsu-kiban
(The Basis of the Survival of Arab Monarchies)

Edited by
Hirotake ISHIGURO

Contents

Chapter 1 Introduction: The Basis of the Survival of Arab Monarchies　(Hirotake ISHIGURO)

Chapter 2 Development of the Parliamentary Politics and the Formation of Royalist in Kuwait　(Hirotake ISHIGURO)

Chapter 3 Twin "Majlis": Political Participation of Citizen and Stability of Regime in Bahrain
(Takuya MURAKAMI)

Chapter 4 The Role of the "Meet the People Tour" of Sultan Qaboos for Regime Stability in Oman　(Takuya MURAKAMI)

Chapter 5 Monarchy and National Day: Examining Political Legitimacy and Allegiance in United Arab Emirates　(Koji HORINUKI)

Chapter 6 The Role of "Bay'a" or Ritual of Allegiance for Monarchical Stability in Morocco
(Nozomi SHIRATANI)

Chapter 7 Stability of Monarchy in Jordan: Components Sustaining the Authority of King
(Aiko NISHIKIDA)

Chapter 8 Custodianship and Redevelopment of the Two Holy Mosques in Saudi Arabia
(Hirotake ISHIGURO)

〔Kenkyu Sosho (IDE Research Series) No. 630〕
Published by the Institute of Developing Economies, JETRO, 2017
3-2-2, Wakaba, Mihama-ku, Chiba-shi, Chiba 261-8545, Japan

ま　え　が　き

　「アラブの春」と称される政治変動は，アラブ諸国の国内政治と社会のあり方はもとより，地域をめぐる政治状況に多大な変化と混乱をもたらした。情勢が混迷を深めるなかで際立ったのは，アラブ君主制8カ国（サウジアラビア，クウェート，バハレーン，カタル，アラブ首長国連邦［UAE］，オマーン，ヨルダン，モロッコ）の体制の安定性であった。本書は，アラブ君主制諸国が示した政治変動に対する耐性に着目し，体制の安定性が維持されているメカニズムの解明をめざしたものである。

　アラブ君主制の存続と崩壊は，サミュエル・ハンティントンが近代化とともに君主制が直面する「国王のジレンマ」問題を論じて以来，中東政治研究において主要なテーマのひとつである。伝統的な宗教や部族社会の紐帯に着目した文化的アプローチや，国王の超越性や国家と社会の関係に着目した制度的アプローチ，石油や外国からの援助などのレント収入や政治的な地位・権力など恩恵の配分に着目した資源配分アプローチに整理される多様な観点から分析がなされ，政治体制の存続と崩壊を分ける要因やメカニズムの解明が進んでいる。しかし，そこに君主制ならではの特性を見いだすことは難しい。

　君主制ならではの特性を浮き彫りにするために，本書は，複合的なアプローチを採用し，君主が主張する統治の正統性原理と，それに対する国民からの主体的な受容のあり方に焦点を当てている。国民と君主をつなぐ多様なチャンネルに着目し，君主制の枠組みのなかで，国民が主体的に関与し得る制度について検討し，国民が君主制にいかなる存在意義を見いだしているのかを明らかにするとともに，君主制の安定性について分析するための新たな独立変数ないし媒介変数を提示したい。

ii

　本書の章立ては，それぞれの君主制において統治の正統性原理を特徴づけ
ている君主と国民をつなぐ主要なチャンネルが，近代的な諸制度によって公
式に制度化された事例から，よりインフォーマルな，伝統的・宗教的な権威
によって特徴づけられる比重が大きい事例へと配されている。編集上カタル
を含めることができなかったのは悔やまれるが，分析の方向性・進め方とし
てめざした編者のねらいに沿ったものである。

　本書は，アジア経済研究所において2014年度から2015年度にわたって実施
された「アラブ君主制国家の存立基盤」研究会の最終成果である。研究会の
実施から本書の出版に至るまで，多くの方々にお世話になった。研究会では，
京都大学教授の玉田芳史氏，放送大学教授の原武史氏，サウジアラビアのフ
ァイサル王立イスラーム研究センター上席研究員のジョセフ・ケシェシェア
ン（Joseph Kéchichian）氏より，事例研究の方法論や分析視角について貴重な
講義と教示をいただいた。モロッコでの合同調査では，ムハンマド5世大学
教授のサルワ・ゼルフーニー（Saloua Zerhouni）氏とアハワイン大学准教授
のドリス・マグラーウィー（Driss Maghraoui）氏らの研究グループとの意見
交換を行い，成果の取りまとめにあたって有益な示唆を得ることができた。
ここに改めて感謝の意を表したい。また，内部および外部査読者，編集の井
村進氏と宮坂綾子氏には丁寧に原稿を読んでいただき，具体的かつ建設的な
ご指摘を多数いただいた。ここに記して感謝したい。

　最後に，本研究会の土台となった若手研究者の勉強会を勧めてくださった
防衛大学校名誉教授の立山良司氏と，研究会に参加いただき，毎回活発な議
論を展開してくださった委員とオブザーバーの皆様方に深く感謝したい。

2017年7月

編　者

目　　　次

まえがき

第1章　総論——アラブ君主制国家の存立基盤—— …………石黒大岳 … 3
　はじめに ……………………………………………………………………3
　第1節　先行研究 ……………………………………………………………6
　第2節　方法論 ………………………………………………………………10
　第3節　本書の構成と各章の概要 …………………………………………15
　おわりに ……………………………………………………………………22

第2章　クウェートの議会政治と王党派の形成 …………石黒大岳 … 27
　はじめに ……………………………………………………………………27
　第1節　クウェートの国家形成とサバーフ家による統治の正統性の原理
　　　　　………………………………………………………………………30
　第2節　社会的亀裂と王党派の形成・再編 ………………………………37
　おわりに ……………………………………………………………………47

第3章　ふたつの「マジュリス」
　　　　　——バハレーンにおける国民の政治参加と統治体制の安定性——
　　　　　…………………………………………………村上拓哉 … 53
　はじめに ……………………………………………………………………53
　第1節　バハレーンの社会構造と統治体制 ………………………………54
　第2節　もうひとつの「マジュリス」 ……………………………………58
　おわりに——マジュリスの限界と今後の見通し—— ……………………62

iv

第4章　オマーンの統治体制の安定性における国王による
　　　　行幸の役割 ……………………………………村上拓哉 … 67

はじめに …………………………………………………………67

第1節　オマーンの社会的亀裂と部族勢力の取り込み ……………69

第2節　カーブースによる行幸 …………………………………73

おわりに──行幸制度の限界と今後の見通し── ………………77

第5章　君主体制と建国記念日
　　　　──UAE における政治的正統性と忠誠の検討──
　　　　………………………………………………堀拔功二 … 83

はじめに …………………………………………………………83

第1節　UAE における国家・体制・国民の現在 …………………85

第2節　建国記念日の公式／非公式行事 …………………………91

第3節　UAE における建国記念日の役割 ………………………99

おわりに ………………………………………………………104

第6章　モロッコ王制の安定性におけるバイア（忠誠の誓い）
　　　　儀礼の役割 …………………………………白谷　望 … 109

はじめに ………………………………………………………109

第1節　ネイション・ビルディングにおけるイスラーム的正統性の
　　　　積極的な採用 …………………………………………112

第2節　バイアの儀礼 …………………………………………116

第3節　バイアの機能──ムハンマド6世期を中心に── …………122

おわりに ………………………………………………………125

第7章　ヨルダン王制の安定性
　　　　──国王の権威を支える諸要素── ………………錦田愛子 … 131

はじめに ………………………………………………………131

目　　次　v

　第1節　弱い君主制？ ……………………………………………… 132
　第2節　君主制を支える諸要素 ………………………………… 134
　おわりに ……………………………………………………………… 143

第8章　サウジアラビアの聖地管理と再開発 …………石黒大岳… 149
　はじめに ……………………………………………………………… 149
　第1節　国家建設とサウード家による統治の正統性原理 …………… 151
　第2節　ナジュドとヒジャーズの統治者から二聖都の守護者への転換
　　　　　……………………………………………………………… 155
　第3節　アブドゥッラー国王による再開発事業の展開 ……………… 159
　おわりに ……………………………………………………………… 162

索　引 ………………………………………………………………… 167

本書におけるアラビア語の表記について

アラビア文字のローマ字転写法については，*International Journal of Middle East Studies*（*IJMES*）の IJMES Translation and Transliteration Guide（https://ijmes.chass.ncsu.edu/IJMES_Translation_and_Transliteration_Guide.htm, 2017年7月25日閲覧），および Transliteration Chart（https://ijmes.chass.ncsu.edu/docs/Trans Chart.pdf，2017年7月25日閲覧）に従った。

人名や地名などのカナ表記については，大塚和夫ほか編『岩波イスラーム辞典』（岩波書店，2002年）に準拠しつつ，先行研究を参考に，本人の名刺および自署，各国の通信社および新聞で一般的に用いられている英字表記を参照し，現地での発音に近づけて表記した。

アラブ君主制国家の存立基盤

第1章

総論

――アラブ君主制国家の存立基盤――

石 黒 大 岳

はじめに

　本書の目的は，2010年末から政治的な大変動を経験したアラブ諸国において，君主制をとっているサウジアラビア，クウェート，バハレーン，カタル，アラブ首長国連邦（UAE），オマーン，ヨルダン，モロッコの8カ国が，体制の安定性を維持しているメカニズムを究明することにある。これらの君主制国家で国王はどのように権威を維持し続けてきたのか，政治体制や歴史的経緯など各国の特徴に基づきながら検証していく。その際とくに注目するのは，以下の2点である。第1に，君主が国民からの忠誠を得るためにもっている資源にはどのようなものがあるのか。第2に，そのような資源を効果的に配分するためにどのようなチャンネル（経路）があるのか。これらを分析することにより，本書は，国民が君主および君主制に対していかなる存在意義を見いだしているのか，そしてそれが体制の安定を導いている仕組みを明らかにする。以上の検討によって得られた知見から，君主制の安定性について分析するための新たな独立変数ないし媒介変数を提示することをめざしている。

　アラブ諸国における政治変動（いわゆる「アラブの春」）は，各国の内政はもとより地域をめぐる政治状況に多大な変化と混乱をもたらし，独裁的な為

政者の打倒が民主化へとつながり得るのかどうか，情勢は極めて不透明で流動的な状況にあった。こうした状況にありながらも，君主制国家では相対的に体制の安定性が維持されている。さらに，内政の混乱が続くエジプトやシリアに対して，君主制国家は，域内政治の安定化／不安定化において重要な役割を担っている。

　アラブ君主制諸国も，当然ながらアラブの春の政治変動と無縁ではなかった。一部の国では，チュニジアやエジプトにおける大規模なデモと為政者への対抗に触発されたかたちで，政府を批判する民衆のデモに直面した。このデモの訴えは，失業や若年層の就業困難，汚職と腐敗の追放，政治的自由の拡大などさまざまであったが，君主制の打倒を訴えるスローガンがほとんど現れなかった点は共通する大きな特徴である。たとえば，バハレーンでは王政の打倒と共和制の樹立というスローガンが現れ，それが治安部隊によるデモの武力鎮圧という結果を招く一因となった。ところが，亡命していた反体制派の指導者が帰国してデモに合流するまでは，デモ参加者の要求は君主制の枠内での改革にあったといえる（石黒 2011）。

　アラブ君主制諸国において，国民の側から君主制の打倒というスローガンが現れず，むしろ君主制を支持・擁護するデモが生じた状況にかんがみると，国民が君主制について何らかの存在意義を見いだしている可能性が高い。君主制の存在意義としては，国内のさまざまな社会集団間での政治的・経済的な利害を調整・仲裁し，安定をもたらすためのバランサーとしての役割が想定し得る。近代化・都市化が進展したとはいえ，アラブ諸国では部族の紐帯に重きをおく伝統社会の影響が依然として色濃く残っている。湾岸諸国，すなわちサウジアラビア，クウェート，バハレーン，カタル，アラブ首長国連邦，オマーンの6カ国においては，石油や天然ガスの輸出による膨大な歳入を背景に，支配一族が福祉や公共サービスを恩恵として国民へ提供するとともに，近代化政策によって肥大化した公共部門や軍・治安部隊のポストを主要な部族メンバーに分配した。これにより，君主を頂点とするピラミッド型の擬似的な部族社会の紐帯構造に国民を組み込み，体制の安定を図ってきた

（日本国際問題研究所 2005）。また国民の側にも，分配者としての君主という認識が形成されたといえる。

　しかし，君主や君主制の支持とは裏腹に，アラブの春における政治変動のうねりのなかで政府批判と改革要求が噴出したことは，これまで体制の安定性の維持に寄与してきた上記の構造が機能不全を起こし，国民の意識にも変化が生じつつあることの表れととらえることができよう。近代化に取り組んでいた1970年代・1980年代とは異なり，福祉や公共サービスの提供はむしろ当然の権利として認識され，質の向上や拡充の要求が強まっている。擬似的な部族社会の構造における経済的な利益分配の機能は，縁故主義や汚職・腐敗の温床として批判に晒されている。君主が国内各地を視察して自らの姿を国民に示す行幸や支配一族と主要な部族，組合や職能集団，NGO などの代表との会合は，議会の権限が弱く君主による専制が続くアラブ君主制諸国において，民心を把握し，国民の政治的要求に応える政策を策定するためのインフォーマルなチャンネルとして機能していた。ところが，制度化された議会制民主主義のもとでの政治参加と政策決定への関与を求める声も強まっている。また，大規模な街頭でのデモや政府庁舎前での座り込みが政府側からある程度の対応策を引き出すことに成功したことによって，民衆による直接行動が政府に政策変更を迫る有意な手段として認識されるようになったことも新たな変化として認められる。

　民衆からの政治改革要求に対し，アラブ君主制諸国は，立法府の改革，すなわち権限付与による機能強化によって応えたことは，特筆すべき点である。アラブ君主制諸国では，政治変動以前から，議会に権限を付与する方向で漸進的な改革が取り組まれていた。政治変動以降の改革として画期的であったのは，モロッコにおいて国王が自らの権限を縮小するかたちで憲法改正を行い，首相には下院第一党の党首が選出されることを制度化したことである（2011年7月）。依然として国王の権限は強いものの，実質的には議院内閣制に大きく近づく変化であった。また，オマーンでは憲法に該当する国家基本法の改正により，議会に立法権と閣僚に対する質問権が認められ，2011年10

月に行われた選挙では抗議デモに参加した活動家が当選した。湾岸諸国において議会政治の経験を有するクウェートとバハレーンでは，従前の野党勢力が民選議員を首班とする政府の成立を認めるよう要求した。しかし，政府はこれを拒否したため，政府と野党勢力の対立関係が深まり，野党勢力が議会政治への参加をボイコットしている状況にある。なお，クウェートでは議員による政府批判が活発で，議会の解散と選挙の実施をほぼ1年単位で繰り返していた。バハレーンでは国王によってわずかではあるが議会の権限を拡大する憲法改正が実施された。

　アラブ君主制諸国の対応には各国の状況に応じて対応の幅に差異が認められるが，全体としては議会制度のもとでの政治参加と政策決定への関与を認める方向にあるとみなすことができよう。しかし，実際の選挙の投票率は低調な結果にとどまるなど，議会制度を通じた国民の政治参加は想像していた以上には進まなかった。この背景には，依然として擬似的な部族社会の紐帯構造の影響や，部族会議といったインフォーマルなチャンネルが今日においても機能していることがあると考えられよう。

第1節　先行研究

　サミュエル・ハンティントンが，近代化とともに君主制が直面する「国王のジレンマ」を論じて以来（Huntington 1968, 188），中東アラブ諸国における君主制の存続と崩壊の要因については，伝統的な宗教や部族社会に着目した文化的アプローチと国王の超越性や王朝性，国家と社会の関係に着目した制度的アプローチという観点から分析が進められてきた。しかし，体制によるイスラームの利用や部族社会といった要素は，過去に崩壊した君主制や，アラブの春において体制転換を生じた大統領制においても類似して存在しており，現存する君主制8カ国だけを説明するものではない。また，君主の絶対的な権力は，伝統的な文化要因ではなく，近代的な植民地主義によって断絶

され，その後の新たな国家建設過程でつくられたという点においても同様である（Anderson 1991）。こうした問題点の指摘から，政治的なポストや利権など経済的な利益を含む資源の配分に着目した，資源配分アプローチからの分析が進んでいる。

　資源配分アプローチを提示したのは，初期のレンティア国家仮説であった。初期のレンティア国家仮説とは，産油国でもある湾岸諸国について，体制の生存要因を，国民の労働収入に基づかない外生的な天然資源（石油・天然ガス等）の輸出収入（「レント収入」）を原資とし，恩恵として福祉・公共サービスを無償で国民に提供することで，国民の政治参加要求が抑制されるという説明である（Beblawi and Luciani 1987）。外国からの援助をレント収入とみなす立場からは，湾岸諸国に限定せず，アメリカや湾岸諸国からの財政援助が流入しているヨルダンやモロッコも説明可能な事例の範囲として含める議論も可能であろう。しかし，石油産業の発展と近代化国家としての成長がリンクした1970年代とは異なり，レント収入の配分の獲得はむしろ国民として当然の権利として認識され，その配分をめぐる要求が政治的要求として表出している実情に照らしてレンティア国家論が説明する国民の支持取り付けの効果に対する疑義も呈されている（Okruhlik 1999; 石黒 2013）。また，レンティア国家仮説は過去のレンティア君主制の崩壊までは説明できないこと，体制の存続要因としては，君主制かどうかには関係なく，石油経済の成立以前にある程度の国内産業と近代的な統治機構が整備されていたか否かが問題とされており，アラブ君主制 8 カ国の存立基盤を説明するには必ずしもそぐわないといえる（Yom 2011; Ross 2012）。

　レンティア国家仮説に対する別の仮説は，体制の生存要因をレント収入以外に求めるもので，統治機構の構造や社会の特徴を分析することで君主制がいかに維持されているのかを説明してきた。これらは政治的資源すなわち国家機構における政治ポストの配分というかたちで権力を分有するという意味で，資源配分アプローチといえる。マイケル・ハーブ（Herb 1999）の「王朝君主制」（Dynastic Monarchy）は，支配一族が主要閣僚ポストや政府省庁の要

職を独占することで，一族内で権力を分有しつつ権力の内部崩壊を防ぎ，かつ外部からの権力への挑戦を困難にすることで権力を維持していることを明らかにした。しかし，王族の規模が小さく，国王に権力が集中しているオマーンと，ヨルダン，モロッコについては王朝君主制に該当しないという問題が残る。ハーブの議論を権力分有のゲーム論としてより明示的に論じたラッセル・ルーカス（Lucas 2004）の「君主制権威主義」（Monarchical Authoritarianism）は，レント収入と統治機構の構造・社会の特徴の双方を君主制の安定性に必要な変数として分析した。ルーカスは，王朝君主制は一部族による支配であり，体制が拠って立つ社会基盤は狭いものの，レント収入があるため存続が可能であり，君主が日常の政治からは離れている「リンチピン君主制」（Linchpin Monarchy）は，レント収入は少ないものの広範な社会基盤があるため安定しているとして，湾岸諸国だけでなくヨルダンとモロッコを含めた体制の安定性についての説明モデルを提示した[1]。

　アラブの春以降，アラブ君主制 8 カ国が安定性を維持し，体制転換には至らなかった事象があらためて注目を浴びるなか，ルーカスの議論における社会基盤の大小を，国内からの君主に対する横断的な支持と読み替え，外国の後援者の存在を新たな変数として加えたのが，シーン・ヨムとグレゴリー・ガウス（Yom and Gause III 2012）の「新君主制例外論」（The New Monarchical Exceptionalism）である。彼らは，あらためて既存の研究を伝統的な宗教や部族社会に着目した文化的アプローチと国王の超越性や王朝性，国家と社会の関係に着目した制度的アプローチでは，アラブの春以降も君主制が安定性を示した事象を説明できないとしたうえで，①国内の横断的な支持の有無，②石油や外国からの援助といったレント収入の有無，③外国の支援者の有無で説明を試みている。①の国内の横断的な支持に関して，彼らは君主の能力と意思の有無を問題とする。まず，君主には制度的に改革実行能力があるものの，実際に行う意思があるかどうかは別であること，君主に改革の意思があっても王族内からの反対で実行できない場合もあるという意味での，制度の柔軟性を指摘した。②のレント収入の有無については，君主制が国内の諸勢

力との横断的な連携，すなわち支配家系とさまざまな社会勢力との歴史的な同盟関係の上に成り立っており，植民地時代後の初期に紛争を経験したことから，社会勢力との連携に向かったことを指摘したうえで，連携を維持するために有していた資源を連携のコストととらえている。しかし，彼らの議論において体制の維持における決定的な要因は，③の外国の支援者の有無，換言すると，君主制に対する外国（アメリカやサウジアラビア）からの確固たる支持の影響にあると理解できよう（Brownlee, Masoud, and Reynolds 2015, 58-59）。すわなち，外国からの支持があれば，体制の抑圧的手法に対する非難が減少し，体制への経済的支援を得ることができ，最終手段として外国の支援者が武力を行使することによって体制は維持されるという理解である。彼らの指摘した①〜③の３つの説明要因は検討に値するが，事例分析の浅さや各国の評価には疑問も残る。加えて，上述の３つの説明要因はある意味体制が君主制かどうかに無関係であるともいえる。

　これらの先行研究は，君主制の安定性について多くのことを明らかにしてきたが，なぜこれらの説明要因が国民による君主制の支持につながっているのかはブラックボックスのままである。たとえば，レント収入という変数のみでは，レントを有しながらも崩壊した君主制が過去にあったことを説明できない。各国がレント収入をどのように用いて君主制に対する国民の忠誠を取り付けているのか，その配分の仕組みについては国ごとの詳細な事例研究が必要であろう。同様に，政治的取り込みや広範な社会基盤の形成を君主制の安定性の要因として指摘する研究に関しては，なぜそのような政治的な取り込みや広範な社会基盤の形成ができたかを分析する視点が欠落している。むしろこれらの要因は君主制への支持とほぼ同義であり，体制の安定性を測る指標としては有用であるものの，安定性を説明する要因としては不十分であろう。支配者集団内の連合と，被支配者集団に対する宗教的権威や象徴の利用，伝統文化の強調（部族社会特有の合議［シューラー］制への言及）といった政治文化に着目して文化的アプローチを組み合わせた説明もみられるが，これらの研究においては体制の安定性に対する国民の側からの主体的な関与

については分析の射程に入ってこない（Dresch and Piscatori 2005; Kéchichian 2008; Billingsley 2009; Menaldo 2012）。

　以上のような先行研究の問題点は，たしかに体制が存続するさまざまな要因について説明されているものの，それが必ずしも君主制だからこその特性を示しているわけではない。君主制の特性を明らかにするうえで，資源配分アプローチの知見をふまえ，あらためて文化的アプローチと制度的アプローチを組み合わせた複合的な分析が有効であると考えられるが，旧来の文化的アプローチと制度的アプローチは，君主と支配者集団内の論理に閉じてしまっている。それに対して，本書は，国民による君主制の支持を射程に入れて論じることで，これらの問題を乗り越えようと試みるものである。そのためには，現在存続している体制を所与のものとみなしたうえで，君主がどのような統治の正統性（legitimacy）を主張し，国民からの支持を調達するために，どのような施策を講じているのか，それらに対して国民の側はどのように対応しているのか，という相互関係に着目する。国民による統治の正統性の受容態度から問い直した方が，君主制の特性を浮き彫りにするうえでより有効である。

第2節　方法論

　本節では，現在存続する体制を所与のものとしたうえで，君主による統治の正統性原理の主張と，国民の側のそれに対する受容態度について論じるための方法論と分析の枠組みについて示す。そのために，まず，統治の正統性について定義を確認しておく。

　1970年代のアラブ諸国が直面した正統性の問題について論じたマイケル・ハドソンがそうであるように，正統性についてはマックス・ウェーバーの古典的な議論を出発点とすることが研究上の共通理解として成立していると考えることは妥当であろう。ハドソンは，アラブの君主制における正統性の源

泉として，君主個人のリーダーシップ，君主の属性と家系，イデオロギーとしての宗教的な清廉さ，王室の構造的な正統性としての官僚機構の制度化と国内治安に関係する部門の拡大を挙げている（Hudson 1977, 25-27）。ハドソンが示したこれらの要素は，無論，ウェーバーが提示した，支配者の命令に対する市民の自発的な服従という観点からの支配の正統性に関する3類型，すなわちカリスマ的支配，伝統的支配，合法的支配を反映させたものである。ウェーバーの支配の3類型は対象となる社会を限定しないものであるが，理念型であり，実際の正統性の源泉は政体が拠って立つ社会の在り方に応じて複合的なものとなる。ウェーバーは類型化にあたって，たとえば，民主的な政治制度に基づく合法的支配が伝統的支配よりもよいといった価値判断は含めていない。とはいえ，ウェーバーは，君主制のもつ社会的安定化機能や政権調整機能などの効用が政体の安定に寄与していることを示唆し，君主制については，伝統的支配をより重視する立場であった（雀部 1998）。

　ハドソンが提示した上記の正統性の源泉については，1970年代に近代化による国王のジレンマ状態に直面したアラブ君主制国家が，民主的な政治制度の導入と広範な国民の政治参加を拒絶し，カリスマ的支配と伝統的支配に分類されるような正統性の主張とその強化を図っていたことを反映したものといえる。たしかに，オマーンにおけるカーブース国王の強烈な個人的リーダーシップや，ヨルダンとモロッコ，サウジアラビアにおける宗教的権威をまとった正統性の主張は認められるが，支配が成立する歴史的経緯や拠って立つ社会の在り方が異なれば，正統性の源泉は一様ではない。また，1990年代以降，憲法や憲法に該当する統治基本法の制定が進み，モロッコやクウェートの議会政治にみるように，完全とはいえないが民主的な政治制度に基づく合法的支配の要素が拡大しており，時代状況による変化も認められる。君主による統治の正統性の主張は，政体（polity）としての社会の在り方，社会構造によって，受け手となるターゲットも多様であり，それぞれのターゲットに有効な正統性の源泉も異なってくる。後述するように，君主と国民をつなぐチャンネルも，国民全般を対象とするのか，特定の社会集団を対象と

するのかで種類が変わるし，類似の社会集団を対象としても，全体の社会構造が異なれば，それぞれのチャンネルがもつ重要度も異なることは容易に推察される。

ウェーバーの正統性の議論では，正統性とは，支配者の命令への被支配者の自発的な服従を可能とするものであり，支配者が主張する正統性の源泉を被支配者が自発的に受け入れていることが前提とされている。そのため，被支配者に位置づけられるアラブ君主制の国民が，統治の正統性をどのように受け入れているのか，という受容態度についての問題関心は含まれていない。国民の正統性の受容態度を測る方法としては，正統性についてのシーモア・リプセットの定義，すなわち「既存の政治制度が社会にとって最適であるとの信念を生起し維持するシステムの能力」（Lipset 1963, 64）という定義を援用し，代替的に政府のパフォーマンスに対する評価で測る方法が考えられる。

たとえば，浜中（2014）は，アラブの春におけるアラブ諸国の体制転換と非転換を分ける論理の検討において，世論調査データを用いた計量分析によって，統治の正統性原理の受容態度を，政府の業績に対する満足度の差異としてとらえ，それが政治体制のちがいによって説明されることを示した。すなわち，アラブ諸国において，君主制における政府パフォーマンスへの満足度の高さが共和制に比べ有意であることを確認し，そこに君主制が共和制よりも国民の政府に対する満足度を引き上げる「何か」を，国民が政治体制から受け取る何か，すなわち統治の正統性原理に対する受容態度の差異にあると解釈する。世論調査データセットの限界があるとはいえ，体制の転換／非転換の論理において，君主制と共和制で有意な差異が確認された意味は大きい。また，この議論からは，国民が政治体制，この場合は君主制および君主，政府を含めて，「何か」を受け取る代わりに支持や忠誠を供するという互酬関係が示唆として導出される。とはいえ，浜中の議論は，あくまで統治の正統性原理の受容態度として，国民からの政府の業績評価が高いことを示しているだけで，国民が受け入れる「何か」とは何か，それと支持・忠誠との互酬的な，等価なものとしての交換が，どのように成立しているのか，という

点については，君主の儀礼的・宗教的な役割の可能性と自国民への特権的な便宜供与の例示にとどまっている[2]。これらの課題について，本書は質的・経験的分析によって検証を進める。そのための手法は，世論調査のデータを参考としつつ，聞き取り調査や新聞報道による断片的な証拠提示や，君主側が国民の支持や忠誠を得るためにとる施策が，国民に受け入れられる蓋然性を論じることで補完する。

　国民の正統性の受容態度を測るためには，受け手となる国民とは誰なのか，言い換えると，誰が君主および君主制を支持しているのか，という観点から多元的で複数の社会勢力を含む社会基盤についても検討しておく必要がある。なぜならば，君主と国民をつなぐ，さまざまなチャンネル，君主側からみれば統治のための伝統的ないし近代的な制度が実際にもつ機能や効果に注目して国民による体制の支持を論じるならば，その制度の受益者が，国民のうちのどの部分の集団なのか，換言すると，ある統治の正統性原理を浸透させたい対象となる社会層や社会集団，年齢層，地域等々はどれか，どの程度のインパクトがあったのかを無視してしまうと，その制度が実際にどの程度体制の安定に貢献しているのかを無視してしまうことになりかねないからである。そこで，本書では，国家形成と国民意識形成の歴史的過程や社会的亀裂構造について検討する。

　ここまで，君主による統治の正統性原理の主張と，国民の側のそれに対する受容態度について論じるための方法論と分析の枠組みについて論じてきたが，それを整理し図示したものが図1-1である。本書では，基本的に①君主と国民をつなぐチャンネルとして，どのようなものがあるか（公式，非公式も含めて，国民の側が主体的に参加し得る制度など），②それらのチャンネルは，国内のどのような社会基盤とつながっているか，③そこでは，どのような相互関係が展開されているか，君主および政府と国民とのあいだで展開される，支持・忠誠と，それらと等価に価値づけられ得る「何か」をめぐる互酬的な交換への問題関心が共有されている。具体的には，国民が主体的に参加することが想定可能な，君主と国民をつなぐチャンネルとしては，フォーマルな

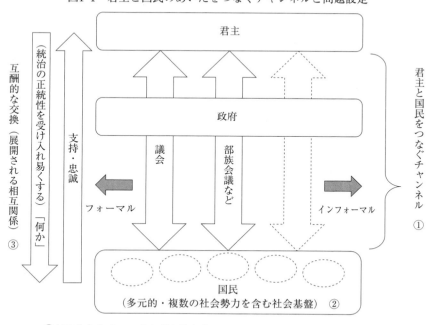

図1-1 君主と国民のあいだをつなぐチャンネルと問題設定

①どのようなチャンネルがあるか？
②どのような社会基盤とつながっているか？
③どのような相互関係が展開されているか？

（出所）筆者作成。

制度としての議会，インフォーマルな制度として慣行化された行幸や部族会議，王朝儀礼や世俗的な国家儀礼，宗教祭礼における祝祭空間などが扱われる。そして，国家建設と国民形成の過程において，君主がいかに自らの正統性を確立させ，どのようなチャンネルを通じて国民への受容を図っているのか，国内の政治アクターや社会集団はそのチャンネルにどのように関与しているのか，国民の君主制に対する不満や要求はどのように表出され，どのように解決されているのかといった問題を分析することで，国民が君主および君主制にいかなる存在意義を見いだしているのかを明らかにすることをめざしている。論じる対象となるチャンネルが，憲法で制度化された議会政治な

のか，慣習に基づくインフォーマルな会合や創られた伝統としての王朝儀礼や宗教祭礼になるのかは，各国の成立過程と社会基盤の構造（国民統合の程度の差異）によることとなる。

　各論に入る前に，アラブ君主制8カ国の概要を示したものが表1-1である。各国について，基礎情報，政体，君主，歴史，政治，経済，安全保障という項目に分類し，それぞれに本書で論じられる内容について，全体的な見取り図のなかでの位置づけをとらえやすいよう，関連する小項目と内容について記している。たとえば，政体の項目にある王朝型君主制かリンチピン君主制かは，先行研究にて示された理念型に対してどのような位置づけにあるかを示している。同様に，政治の項目に示された内容は，君主の主張する支配の正統性とともに，君主と国民をつなぐチャンネルや，両者の関係を規定する憲法などの制度について，規定が制度化され明文化されたものからインフォーマルなものを記している。経済の項目では，レント収入への依存度に関する内容を記している。安全保障の項目では，社会基盤の構造や国民意識の形成に関係する内容として，体制にとって脅威とされている社会集団や，宗派や部族のちがいによる社会的亀裂が示される。また，アラブの春の影響として生じた事象についても付記している。

第3節　本書の構成と各章の概要

　本書の構成と各章の概要に関して，章立ての順番は前節で示したように，分析の対象となる君主制における統治の正統性原理を特徴づけ，君主と国民のあいだをつなぐうえでメインとなっているチャンネルが，近代的な諸制度，すなわち憲法や議会制度に規定されている事例から，慣習に基づくインフォーマルな会合，そして，創られた伝統としての王朝儀礼や宗教祭礼における祝祭空間へと，宗教的・伝統的な権威が統治の正統性の原理を特徴づける比重が大きくなる方向で順序だてることとした。

16

表1-1　アラブ君

	国名[1]	クウェート	バハレーン	オマーン	カタル
基礎情報	英語名	State of Kuwait	The Kingdom of Bahrain	The Sultanete of Oman	State of Qatar
	アラビア語	Dawlat al-Kuwayt	Mamlakat al-Baḥrayn	Sulṭanat ʻUmān	Dawlat Qaṭar
	国土面積[2]	17,818km^2	760km^2	309,500km^2	11,586km^2
	人口（自国民）[2]	3,479,000人（140万人）	1,344,000人（65万人）	3,926,000人（220万人）	2,268,000人（25万人）
政体	王朝	サバーフ家	ハリーファ家	ブーサイード朝	サーニー家
	年号	1756年	1783年	1744年	1868年〜
	王朝型君主制	○	○	×	○
	リンチピン君主制	×	×	×	×
君主	現君主	Ṣabāḥ	Ḥamad	Qābūs	Tamīm
	君主の称号	Amīr	Malik（2002年までは Amīr，1971年までは Ḥākim）	Sulṭān（過去には Imām）	Amīr
	他の称号	─	なし	なし	なし
	現君主の即位	2006年1月29日	1999年3月6日	1970年7月23日	2013年6月25日
	年齢	88歳	67歳	76歳	37歳
	独立後	5代目	2代目	初代	4代目
	シャリーフ	×	×	×	×
	王位継承	憲法により大ムバーラクの子孫に限定。皇太子は首長が指名し，議会が承認。議会が承認しない場合，首長が3人の候補者を示し，議会が選ぶ。	長子相続，ただし国王による長子以外の子の指名可（憲法に明記）	国王死後の王族評議会による合議。合議で決まらなかった場合は国王の遺言。皇太子制度は不在。（憲法に明記）	ハマド・ビン・ハリーファの息子（恒久憲法）
歴史	植民地支配	イギリス（保護領）	イギリス（保護領）	イギリス（保護領）	イギリス（保護領）
	独立・建国	1961年	1971年	1970年	1971年
政治	正統性	伝統，レントの配分，議会の承認（皇太子）	支配の伝統，レントの配分	支配の伝統，国王のカリスマ，レントの配分	支配の伝統，レントの配分
	王室会議	明文化規定はない	統治王族会議（憲法に規定はないが，勅令により委員を任命）	王族評議会（憲法に明記）。※後継者選出のときのみ召集？	首長家会議と「解き結ぶ者」（アフル・アル＝ハッル・ワ・アル＝アクド）
	憲法	1962年制定	1973年制定，2002年改正	1996年制定，2011年改正	1970年暫定憲法 2004年憲法改正
	バイア	即位時	即位時？	即位時	即位時
	行幸	×（ラマダーン中に国内名士や部族，軍・警察のクラブを訪問する慣習がある）	×	毎年（近年は2〜3年に1回）	未確認

第1章　総論　17

主制比較検討表

UAE	モロッコ	ヨルダン	サウジアラビア
The United Arab Emirates	The Kingdom of Morocco	The Hashemite Kingdom of Jordan	The Kingdom of Saudi Arabia
Dawlat al-Imārāt al-ʾArabīya al-Muttaḥida	al-Mamlaka al-Maghribīya	al-Mamlaka al-Urdunnīya al-Hāshimīya	al-Mamlaka al-ʾArabīya al-Saʿūdīya
83,600km²	466,550km²	89,342km²	2,149,690km²
9,446,000人（96万人）	33,493,000人	6,984,000人	29,369,000人（20,271,058人）
7首長家	アラウィー朝	ハーシム王朝	サウード家
19世紀～	1664・1968年～	1921年	1744年
○	×	×	○
×	○	○	×
Khalīfa（アブダビ首長）	Muḥammad VI	ʿAbd Allāh II	Salmān
Shaykh	Malik（1957年までは Sulṭān）	Malik（1946年までは Amīr）	Malik
なし	アミール・アル＝ムウーミニーン	なし	ハーディム・アル＝ハラマイン
2004年11月3日	1999年7月23日	1999年2月7日	2015年1月23日
68歳	54歳	55歳	81歳
2代目	3代目	4代目	7代目
×	○	○	×
明文化されていない。各首長が皇太子を任命している。なお，国家元首としての大統領は，最高評議会による互選（5年任期）。	男子直系長子（憲法に明記）	男子直系（憲法に明記）	統治基本法により，初代アブドゥルアジーズの子孫に限定。皇太子は国王が任命。2006年忠誠委員会法により，次期国王が推薦した皇太子候補について検討し選任。
イギリス（保護領）	フランス・スペインによる分割支配（保護領）	イギリス（委任統治領）	なし
1971年	1956年	1946年	1932年（国号変更）
支配の伝統，レントの配分	シャリーフ，伝統，前国王のカリスマ，国家統合の象徴	ムハンマドの直系子孫，国家統合の象徴（国父イメージ）	ワッハーブ家との盟約，伝統，レントの配分
明文化規定はない	明文化規定はない	—	忠誠委員会
1971年暫定憲法 1996年恒久憲法	1962年制定。5回の改正を重ねて，最新の修正は2011年	祖形は1928年，独立後1947年に発布。改正を重ねて，最新の修正は2011年	1993年制定
即位時	毎年（7月31日）	—	即位時
首長・皇太子は随時。大統領・首相クラスは年に数度	年に複数回実施	年に複数回実施	リヤドとジッダを移動

表1-1

	国名[1]	クウェート	バハレーン	オマーン	カタル
政治（つづき）	マジュリスの主催	○（ディーワーニーヤ）	○	×	○（ラマダーン中など）
	議会	一院制・立法権あり	2002年より民選の代議院と勅撰の諮問院による二院制（立法権あり）	民選の諮問議会と勅撰の国家議会からなる二院制（2011年より立法権あり）	一院制の諮問評議会（定数45議席）。将来的に30議席を選挙の予定。地方自治評議会では，1999年から選挙
	政党	○（事実上）	○（事実上）	×	×
経済	GDP[3]	1,758.3億ドル	328.9億ドル	796.6億ドル	2,032.4億ドル
	1人当たりGDP	52,197ドル	24,689ドル	21,929ドル	93,714ドル
	主要産業	石油	石油精製，アルミニウム精錬，金融	石油，天然ガス	石油，ガス，金融
	レント[4]	○	○	○	○
安全保障	脅威	イラク，国内（過激派）	国内（シーア派），イラン	なし	国外（サウジ，イラク，イラン），国内（外国人労働者）
	軍[5]	15,500人（陸11,000人，海2,000人，空2,500人），その他（米軍基地）	8,200人（陸6,000人，海700人，空1,500人），その他（米軍基地）	42,600人（陸25,000人，海4,200人，空5,000人，外国軍2,000人，王室軍6,400人）	11,800人（陸8,500人，海1,800人，空1,500人），その他（米軍基地）
	徴兵制	×	×	×	○（2014年導入）
	社会的亀裂	ハダル／バドゥ，宗派，イデオロギー（イスラム主義／リベラル／ポピュリズム）	スンナ派／シーア派	部族（内陸部／沿岸部，北部／南部）	国民／外国人，部族，保守／革新
	君主体制への挑戦	1980年代，首長暗殺未遂テロ	1981年クーデター未遂，2011年「アラブの春」	1990年代に2度のクーデター未遂	宮廷クーデター（1972年，1995年），クーデター未遂（1996年）
	「アラブの春」	首相退陣要求の大規模デモ。首相交代を受け終息するが，選挙法改正をめぐり野党勢力による選挙ボイコットと散発的なデモが継続中。首長批判者の逮捕・国籍剥奪。	シーア派住民を中心に大規模デモ。GCC軍の介入，国民対話の開始により，デモの規模は縮小。現在も継続中。	国内各地で数千人規模のデモ。議会への立法権付与，内閣改造，雇用の創出を受け，収束。	FB上で首長家批判，カタル人改革派が政治改革に関する本をベイルートで出版。詩人が逮捕。エジプト人やリビア人による反母国政府デモ。エジプトと同胞団支援。
	執筆担当	石黒	村上	村上	堀拔

（出所）　石黒大岳・白谷望・錦田愛子・堀拔功二・村上拓哉作成。

（注）　1）　国名は本文に掲載順。　2）　国土面積・人口は CIA The World Factbook 2014年版（モロッコの面積に西サハラは含まず），自国民人口は2014年の各国統計データに基づく。　3）　GDP は世界銀行 GDP データ2014年名目値（ドル建て）に基づく。　4）　レントは2014年の各

つづき

UAE	モロッコ	ヨルダン	サウジアラビア
○（ラマダーン中など）	×	—	○
1971年に一院制の諮問評議会（定数40議席）。2006年・2011年に限定的な選挙を実施。立法権なし	1996年から二院制（1963年の国会開設以来，時期によって一院制と二院制両方の制度が採用される）	二院制（立法権あり，上院議員は国王による任命，下院議員は公選，女性枠・マイノリティ枠あり・中選挙区）	諮問評議会（任命制・立法権なし）
×	○（独立直後の1958年から複数政党制を導入）	設立の権利を憲法で明記。1957～1992年は政党活動禁止。「民主化」後の1990年代に多数結成。	×
4,023.4億ドル	1,038.4億ドル	336.8億ドル	7,484.5億ドル
43,049ドル	3,093ドル	5,214ドル	25,962ドル
石油・貿易・建設	農水産業，リン鉱石	流通，国際支援	石油
○	×	×	○
国外（イラン，イラク，サウジ，オマーン），国内（ムスリム同胞団，テロ組織，外国人労働者）	国内（ポリサリオ戦線）	周辺国の騒乱の波及，国内の左派・共産党・シーア派	イラク，イラン，国内（過激派，シーア派）
51,000人（陸44,000人，海2,500人，空4,500人），その他（仏軍基地など）	195,800人（陸175,000人，海7,800人，空13,000人）	100,500人（陸74,000人，海500人，空12,000人，特殊部隊14,000人）	233,500人（陸75,000人，海13,500人，空20,000人，防空16,000人，産業治安部隊9,000人，国家警備隊100,000人）
○（2014年導入）	×	×	×
国民／外国人，宗派（スンナ派／シーア派），部族	アラブ／アマズィグ（ベルベル），西サハラ問題	パレスチナ／トランス・ヨルダン，都市／地方，遊牧民	国民／外国人，部族，宗派（スンナ派／シーア派），地域（ヒジャーズ／ナジュド／ハサー［東部州］）
宮廷クーデター（1965年シャルジャ，1972年シャルジャ，1987年シャルジャ，2003年ラアス・アル＝ハイマ）	1970年代前半に2度の軍事クーデター未遂	1957年にクーデター未遂。1970年に「黒い9月」事件	1975年ファイサル国王暗殺
政治改革建白書の提出と改革派の逮捕・裁判。2012年からは同胞団関係者の大量摘発。	都市によっては数万人規模のデモ，2011年7月の憲法改正で収束。	国内各地で数千人規模のデモ。首相の交代，集会法・選挙法改正，憲法修正，国民対話委員会の設立等を受けて収束。	東部州でのシーア派によるデモ発生。治安部隊により鎮圧。それ以外ではSNSでの予告にもかかわらず目立ったデモ発生せず。女性による運転免許解禁要求。SNSでの政府批判者の逮捕。
堀拔	白谷	錦田	石黒

国歳入に占める天然資源収入依存度が40％以上を意味する。　5）　軍は The Military Balance 2014のデータに基づく。

20

　本章につづく第2章では，定期的に競争的な選挙が行われ，議会政治が機能しているクウェートについて論じる。クウェートでは，首長家と国民の代表の合意に基づいて制定された憲法が議会政治のルールとして定着し，政府や首長を制度的に拘束している点で，合法的支配による正統性が成立していることが示される。議会が主要で公式なチャンネルとして成立する一方で，インフォーマルなチャンネルの機能が衰え，政治の不安定化を回避する緩衝器の役割を果たせなくなるさまが，王党派の形成と再編を通じて示される。

　第3章では，バハレーンの事例について，議会制度と並立して存在するマジュリスと呼ばれる個人の邸宅や集会場での会合が，君主と国民をつなぐチャンネルとして機能し，権限の制約された議会を補完するなかば公式化されたインフォーマルなチャンネルとして，ポリアーキーが指標とする自由化と包括性を満たしていることが示される。

　第4章のオマーンでは，バハレーンと同様に，議会制度がありながら十分にはその機能を果たしていない代替として，君主が地方へ直接出向く行幸が，君主と国民をつなぐチャンネルとして機能し，応答性が担保されていることが示される。また，第3章のバハレーンのマジュリスと同様に，行幸の際に地方で開かれる有力者との会合は，明文化されていないインフォーマルなものでありながら慣習としては成立しており，制度化されてはいるものの組織化されていない段階と位置づけられる。

　第5章では，アラブ首長国連邦（UAE）における国家と国民の関係を，祝日の設定とその目的，祝祭空間で執り行われる公式／非公式な諸行事が，国民の帰属意識の確立と，首長家による支配の正統性を絶えず確認する機会として機能しており，国民からの行事への自発的な参加や，記念日に合わせた部族の忠誠表明を引き出すなど，体制と国民の関係を再強化するための舞台装置となっていることが示される。

　第6章では，モロッコを対象に毎年開催されるバイア（忠誠の誓い）儀礼の双務的な忠誠契約の更新という性質の制度化に着目し，統治の正統性原理として，国王が預言者ムハンマドの末裔であるシャリーフの系譜に連なるこ

とを強調するイスラーム的正統性を積極的に採用することによって，君主制が国民にとって「自然で当たり前」であるととらえられるに至っていることが示される。モロッコはアラブの春後，2011年に憲法改正を行い，首相を議会第一党の党首から任命するなど，政党内閣制の制度化がなされたが，議会は統治の正統性に関与していないこと，憲法改正作業が国王の主導で進められ，国民投票とバイアを組み合わせたことによって，近代的・民主的制度と宗教的・歴史的儀礼を通じた国民からの支持を二重に獲得し，統治の正統性も二重に保障されるという頑健性が明らかにされている。

　第7章では，ヨルダンを論じる。第一次世界大戦後，イギリスによって国家の枠組みがつくられた人工国家としてのヨルダン王制が，領土的一体性や王室と国民のつながり，政治制度による民意の反映を欠いた脆弱な背景をもちながら，聖地エルサレムの管理権を掌握していることによる伝統的・イスラーム的支配，近代的なネイション・ビルディング，立憲主義，国王自身のカリスマ性を相互補完的に国王の権威の源泉として活用し，民心の掌握に努めることで統治の正統性を確立していることが示される。

　第8章では，サウジアラビアを分析対象として取り上げる。サウジアラビアは，サウード家による征服王朝であり，国家建設の過程で厳格な宗教解釈に立脚するサラフ主義（ワッハーブ主義）を保護し奉じる立場をとったことが統治の正統性の源泉となっている。しかし，厳格な宗教解釈ゆえに世俗的な国家儀礼を用いた国民意識の形成が困難であり，統治の正統性を維持するための手段が二聖都の良き守護者として巡礼の管理を中心とした宗教的儀礼を司ることに限定されていることが明らかにされる。

　以上のとおり，本書ではアラブ君主制8カ国のうち，カタルを除く7カ国を分析対象として論じている。カタルについては，アラブ首長国連邦と同様に世俗的な国家儀礼としての建国記念日の祝祭空間が，首長家による支配の正統性を確認し，国民からの自発的な忠誠や支持表明を獲得する舞台装置として機能していることから，第5章の議論によって代替することとした。

　本書が分析対象とするアラブ君主制国家は，いずれも20世紀に入って本格

的な近代国家として歩み始めた比較的新しい国々である。本書がめざしているのは，2011年以降の中東アラブ諸国において生じている事象として，君主制国家がその安定性・頑健性を示していることに着目し，君主制において体制転換が起きなかったのはなぜか，倒れなかったのはなぜかという問いを経て，君主制の特性はいかに現れるのかを論じることにある。単なるアラブの特殊性に陥ることなく，各章では，それぞれの執筆者が比較政治学，現代中東政治研究，現代君主制論のいずれかについて研究上の含意を提示する。

おわりに

　本書では，アラブの春以降のアラブ君主制国家がその体制を維持している要因について，ハンティントンが「国王のジレンマ」を論じて以降の中東・アラブ諸国における君主制の存続と崩壊に関する既存研究を，伝統的な宗教や部族社会に着目した文化的アプローチや，国王の超越性や王朝性，国家と社会の関係に着目した制度的アプローチ，石油や外国からの援助などのレント収入とその配分に着目した資源配分アプローチに整理してレビューを実施した。先行研究の整理から明らかになったことは，既存のアプローチではいわゆるアラブの春を経てなお君主制が維持されているメカニズムを説明できないということであった。他方で，社会運動の発生と拡大に関する数理モデル分析から君主制が体制転換リスクへの耐性を有しており，それが国民が受容する権力の正統性の原理に由来することが確認された。そうした既存研究に基づいて，本書では，国民からの君主（制）に対する支持や信頼，忠誠に着目し，国民が受容する統治の正統性の原理が体制の安定を導くとの仮説を立てた。そして，国民が主体的に参加可能な，君主と国民をつなぐチャンネルと，そこで展開される互酬的な価値の交換，すなわち，国民からの忠誠・支持表明と等価をなし，国民が君主から得られる「何か」とは何かを検討するというアプローチを示した。

アラブ君主制の特性はいかに現れるのか，具体的な内容は各国の事例を分析した執筆者の手に委ねられるが，全体の検討を通じて明らかになったのは，君主制が，国民のさまざまな不満や意見表明に対する体制の即応性の高さと，緩衝器として機能するインフォーマルなチャンネルの活用によって，体制が不安定な状態に陥ることを回避できている事実であり，むしろ国民の政治参加が憲法や議会制度に統治の正統性原理があるケースでは，公式化された制度に拘束されるがゆえに，即応性が阻害され得ることである。共和制においては，独裁的な体制であれ，形式的に参政権や大統領選挙，議会選挙が正統性の担保になっているが，君主制は必ずしもそうではない。共和制では，制度化したチャンネルの存在がなければ，統治の正統性は担保されないが，君主制ではむしろ，制度化の程度が緩いがゆえに，宗教的・伝統的権威によることで，統治の正統性が担保され得るのである。

〔注〕────────────────

(1) 君主制を権威主義体制の亜系として位置づけた議論として，Kostiner（2000）や Storm（2007）は，君主制がイスラーム主義勢力の政治参加を認め，議会において多党制の状況を作り出すことで，特定の集団（イスラーム主義勢力）が権力への挑戦者として出現することを回避することで体制を維持してきたと論じた。しかし，同様の分析は，君主制に限定されない権威主義体制の存続要因あるいは安定性を，取り込みや分断統治といった観点から分析する研究にもみることができる（Brumberg 2002; Lust-Okar 2004: 2006）。

(2) 一例として挙げられた自国民への特権的な便宜供与に関連して，エスノクラシー論や就業構造と社会的亀裂の重なりについて述べられているが，結局はレントの大きさ，すなわち石油収入の規模と自国民の規模に応じて，どの程度自国民を公的部門の雇用に吸収可能かどうか，という問題に回収される点では，先行研究の資源配分アプローチと同類であるといえる。

〔参考文献〕

＜日本語文献＞
石黒大岳 2011.「バハレーン民主化プロセスの10年と野党のジレンマ」水谷周編

『アラブ民衆革命を考える』国書刊行会　204-219.

―――　2013.『中東湾岸諸国の民主化と政党システム』明石書店.

雀部幸隆　1998.「ウェーバーの君主制論」『名古屋大學法政論集』172，1-33.

日本国際問題研究所　2005.『湾岸アラブと民主主義――イラク戦争後の眺望――』
　　日本評論社.

浜中新吾　2014.「中東諸国の体制転換／非転換の論理」　日本比較政治学会編『体
　　制転換／非転換の比較政治』　ミネルヴァ書房　49-77.

＜英語文献＞

Anderson, Lisa 1991. "Absolutism and the Resilience of Monarchy in the Middle East,"
　　Political Science Quarterly, 106 (1), 1-15.

Beblawi, Hazem, and Giacomo Luciani, eds. 1987. *The Rentier State,* London: Croom
　　Helm.

Billingsley, A. J. 2009. *Political Succession in the Arab World: Constitutions, Family Loyal-
　　ties and Islam,* London: Routledge.

Brownlee, Jason, Tarek Masoud, and Andrew Reynolds 2015. *The Arab Spring: Pathways
　　of Repression and Reform*, Oxford: Oxford University Press.

Brumberg, Daniel 2002. "The Trap of Liberalized Autocracy," *Journal of Democracy*, 13
　　(4) October: 56-68

Dresch, Paul, and James Piscatori, eds. 2005. *Monarchies and Nations: Globalisation and
　　Identity in theArab States of the Gulf,* London: I.B. Tauris.

Herb, Michael 1999. *All in the Family: Absolutism, Revolution, and Democracy in the
　　Middle Eastern Monarchies*, Albany: State University of New York Press.

Hudson, Michael C. 1977. *Arab Politics: The Search for Legitimacy*, New Haven: Yale
　　University Press.

Huntington, Samuel P. 1968. *Political Order in Changing Societies*, New Haven: Yale
　　University Press.

Kéchichian, Joseph 2008. *Power and Succession in Arab Monarchies,* London: Lynne Ri-
　　enner.

Kostiner, Joseph, ed. 2000. *Middle East Monarchies*, London: Lynne Rienner.

Lipset, Seymour M. 1963. *Political Man*, New York: Anchor Books.

Lucas, Russell E. 2004. "Monarchical Authoritarianism: Survival and Political Liberal-
　　ization in a　Middle Eastern Regime Type." *International Journal of Middle East
　　Studies*, 36 (1) February: 103-119.

Lust-Okar, Ellen 2004. "Divided They Rule: The Management and Manipulation of Po-
　　litical Opposition." *Comparative Politics* 36 (2) January: 159-179.

―――　2006. "Elections under Authoritarianism: Preliminary Lessons from Jordan."

Democratization 13 (3) June: 456-471.

Menaldo, Victor 2012. "The Middle East and North Africa's Resilient Monarchs." *The Journal of Politics* 74 (3) July: 707-722.

Okruhlik, G. 1999. "Rentier Wealth, Unruly Law, and the Rise of Opposition: The Political Economy of Oil States." *Comparative Politics* 31 (3) April: 295-315.

Ross, Michael 2012. *The Oil Curse: How Petroleum Wealth Shapes the Development of Nations*, Princeton: Princeton University Press.

Storm Lise 2007. *Democratization in Morocco: The Political Elite and Struggles for Power in the Post-Independence State*, London: Routledge.

Yom, Sean L. 2011. "Oil, Coalitions, and Regime Durability: the Origins and Persistence of Popular Rentierism in Kuwait." *Studies in Comparative International Development* 46 (2) June: 217-241.

Yom, Sean L., and F. Gregory Gause III 2012. "Resilient Royals: How Arab Monarchies Hang On." *Journal of Democracy*, 23 (4) October: 74-88.

第2章

クウェートの議会政治と王党派の形成

石 黒 大 岳

はじめに

　クウェートは1970年代後半と1980年代後半の一時期を除いて，定期的に国民議会選挙が行われており，君主制でありながら，アラブ諸国のなかでは国民の政治参加による議会政治が活発である。議院内閣制ではなく，首長（君主）が支配一族であるサバーフ家から首相を任命し，閣僚は首相の指名に基づいて首長が任命するため，議会選挙の結果が政府の形成に直接の影響を及ぼさない点では不完全な民主制である。しかし，湾岸戦争後の1992年に議会が復活して以降は，野党側が多数派を形成し，首相と閣僚に対する問責質問（interpellation／istijwāb）権を行使することで，政府の政策に異議を唱え，政策を転換させてきた。また，野党側は法的に政党の結成が認められていないにもかかわらず，政治的志向性によって会派を形成し，疑似的な「政党」政治を発展させ，政党政治と民選議員を首班とする内閣の実現を訴え，首長および首長家の権力に挑戦してきた[1]（石黒 2013a）。

　政府は野党側の挑戦に対し，上述の1970年代後半と1980年代後半には議会を解散し，憲法を停止して首長が親政を行ったものの，国民の要求の前に，議会と憲法を復活させざるを得なかった[2]。1990年の湾岸危機は，1989年から活発化した議会復活要求運動による国内対立に政府の外交的な失敗が重なってイラクによる侵略・併合を招いたことから，首長家の権威は失墜し，解

放後には憲法と議会政治に基づいた国政の運営を国民に誓わざるを得なかっ
たのである（Tétreault 2000）。1990年代前半は挙国一致内閣を形成し，国家
の再建に尽力する姿を示して首長家は権威を回復させたが，戦後復興が落ち
着くと，世俗的・西欧的な政治制度の確立を志向するリベラル勢力と，シャ
リーアの厳正な執行を志向するイスラーム主義勢力との対立を利用して分断
統治を行いつつ部族代表やテクノクラートを取り込むことで議会政治をコン
トロールした（Brumberg 2002）。しかし2003年の皇太子と首相職の分離や
2006年の一票の格差が大きい選挙制度の改革をめぐっては野党の一致連合を
崩すことができず，その要求を受け入れざるを得なかった。2012年2月選挙
で野党側が議席の3分の2を獲得すると，政府は予算案や政府提出の法案を
通せなくなり，首長が野党の憲法改正要求を拒否したことで，制度上の膠着
状態に陥った。

　政府と議会（野党）とのあいだで生じた制度上の膠着状態を打開したのは，
司法府による助け舟であった。2012年6月，憲法裁判所は，議会選挙に先立
つ解散手続きに問題があったとして，選挙結果と議会の無効を宣言した。首
長は旧議会の再招集を図ったが議員のボイコットにより定足数を満たせず，
同年10月に改めて議会を解散し，憲法に規定された首長の権限に沿って，首
長令により選挙制度を改正した。合法的とはいえ，野党は自らに不利な改正
に反発し，同年12月の選挙以降，議会選挙への参加をボイコットしている。
対する政府は，野党指導者の逮捕や国籍剥奪，メディアへの介入など抑圧を
進め，王党派が中心となった議会をコントロールしている。

　クウェート政治の特徴は，首長，政府，野党ともに，自らの政治的な言動
が憲法の規定に従ったものであることを強調するところにある。この合憲性
を強調する言説は，憲法が「ゲームのルール」としてクウェート国内の政治
集団に受け入れられていることを示すとともに，統治の正統性（legitimacy）
の源泉として現れていることを意味する。これらの現象は，1962年に制定さ
れた現行憲法の制定過程，すなわちサバーフ家の代表（閣僚等）と，選挙で
選ばれた国民の代表によって構成された制憲議会での議論と合意を経て制定

されたことによる，君主と国民の社会契約という位置づけに由来する。合意の結果として，憲法は首長に行政権と立法権を付与すると同時に国民主権も謳っており，議会には将来の首長となる皇太子任命の承認権を付与した[3]。したがって，クウェートにおける統治の正統性は，ウェーバーのいう支配の３類型における合法的支配に基づいているととらえることも可能である。湾岸危機および湾岸戦争によって，サバーフ家がその権威を一度失墜させたことは，憲法を国民統合と復興のシンボルとして掲げて統治の正統性の拠り所とさせ，議会の解散と憲法の停止という超法規的な対応を抑制する効果をもたらしている。

　サバーフ家によるクウェート統治の正統性と体制の安定性について，先行研究はサバーフ家による統治の開始とその後の歴史的展開に着目する伝統・文化的アプローチから，社会構造に着目した制度的アプローチと資源配分アプローチを組み合わせるかたちで変化した。代表的なものは，石油経済の成長とともに経済的な配分に着目するレンティア国家論（Beblawi and Luciani 1987）や分断統治論（Brumberg 2002），政治的なポストの配分に着目する王朝君主制論（Herb 1999）が挙げられる。資源配分アプローチは体制の安定性についてレントを変数として用いて説明するが，本書の問題関心である統治の正統性原理がいかに維持あるいは再構築されているのか，という点までは説明が及ばない。

　そこで本章では，上述のように，憲法が「ゲームのルール」としてクウェート国内の政治集団に受け入れられていることにかんがみ，憲法で規定された議会制度が，君主と国民のあいだをつなぐ主要な公式のチャンネルとして制度化されていることを論証し，国民を代表する議員たちとのあいだで展開される，統治の正統性をめぐる相互関係の検討を進める。そのうえで，合法的支配の確立と，公式なチャンネルが制度化されたことと引き換えに，インフォーマルなチャンネルが機能しなくなり，体制の即応性が阻害され，政治的に不安定な状態に陥りつつあるというクウェートの事例の位置づけが示されることとなる。

本章で論じる内容は以下のとおりである。第1節では，サバーフ家がクウェートにおける統治の正統性を獲得してきた歴史的経緯と独立後の憲法制定による合法的支配の成立，憲法で規定された議会制度が，どのように君主と国民のあいだをつなぐ主要なチャンネルとして制度化してきたのかを論じる。第2節では，議会で展開される，国民を代表する議員と君主のあいだで展開される相互関係について，野党側からの権力への挑戦と，あるべき君主像をめぐる競合において，君主がどのように対抗したのか，クウェートにおける社会的亀裂に基づく政治集団の編成と王党派の形成と入れ替わりを鍵として論じる。「おわりに」では，本章についてまとめたうえで，君主が権力を維持するために政治のルール変更を図り，自らの手法を正当化するための合憲性の主張が，合法的支配が確立しているがゆえに，かえって君主自らの統治の正統性を毀損する可能性をはらむ問題であることを指摘しておきたい。

第1節　クウェートの国家形成とサバーフ家による統治の 正統性の原理

1．サバーフ家による統治の正統性の起源

サバーフ家による統治の正統性の起源は，第1に，「選ばれて」統治者の地位についたことにある。クウェートの「建国神話」において説明されるのは，アラビア半島中央部から移住してきたウトゥーブ族に連なる由緒ある系譜をもつ家系であり，18世紀後半に現在のクウェートの地に定住後，1756年にオスマン帝国のバスラ州知事のもとへ，貢納と税額の交渉のための使節を派遣する際に，商人たちの互選によってサバーフ家の当主であるサバーフ・ジャービル（Ṣabāḥ bin Jābir）が代表に選出され，統治者として認定されたという歴史的経緯である。その後，サバーフ家の当主たちは，有力な商人たちから経済的支援を受けて，対外交渉や防衛，治安維持，必要な行政サービス

を担ってきた。サバーフ家にとっては，「選ばれて」統治者の地位についた
という事実が統治の正統性の合法性をより強く担保するものとなるが，有力
な商人の家系においては，サバーフ家といえども「同輩中の首席」の位置づ
けであった。したがって，彼らはサバーフ家による政治権力と経済的利権の
独占に対して，1920年代から国政への参画を求めて議会開設要求運動を展開
し，1938年には立法議会の設立と選挙の実施を実現させた。立法議会は1年
足らずで解散させられたが，この歴史的な経緯は今日の野党側にとっては，
クウェートの民主制・議会政治の伝統の起源と位置づけられている（Ismael
1993; Crystal 1990）。

　クウェートの国家建設および独立後の国民意識形成の過程において，サ
バーフ家と国民の関係を決定づけたのは，対外関係と戦争であった。1783年
にはアラビスタンを拠点とするバニー・カアブ家とリッカの海戦を戦い，当
時の当主であるアブドゥッラー・サバーフ（'Abd Aullāh Ṣabāḥ al-Jābir al-Ṣabāḥ）
がクウェート軍を率い勝利に導いた。この勝利によって，サバーフ家はク
ウェートの統治者としての地位を確立し，有事の際は軍を率いて防衛にあた
るなかで，サバーフ家と「国民」の関係の祖形が形成されたとされる。1899
年には時の当主で後に大ムバーラクと称されるムバーラク・サバーフ
（Mubārak Ṣabāḥ al-Jābir al-Ṣabāḥ）がイギリスとのあいだに保護条約を結び，サ
バーフ家によるクウェート統治を確定させ，近代的な行政機構の整備を開始
した。1920年にはアラビア半島の統一をめざすサウジアラビアの征服活動を
担ったイフワーンの部隊の攻撃を受け，ジャフラーの戦いでこれを撃退し，
サウジアラビアへの併合を免れた。防御にあたって，旧市街を取り囲む土壁
が築かれたのだが，この壁の存在によって「壁の内側がクウェートであり，
そこに住む人々がクウェート人である」という意識が形成され，1959年に制
定された国籍法に反映された[4]（松尾 2010; Longva 1997）。歴史的経緯をみる
と，クウェートにおけるサバーフ家の統治の正統性は，個人的なカリスマに
よる部分もあるが，伝統的支配による正統性を獲得していたといえる。

2．正統性の原理と社会契約としての憲法

　クウェートは1961年にイギリスの保護領から独立を果たし，引き続きサバーフ家が統治者の地位にあった。独立後，憲法が首長による欽定憲法とはならず制憲議会での議論を経て制定された背景には，上述したとおり，有力商人層を中心とする1920年代からの民選議院開設要求運動と，1950年代のアラブ民族主義者運動（以下，ANMクウェート）の影響があった。1962年，アブドゥッラー・サーレム（ʿAbd Aullāh Sālim al-Mubārak al-Ṣabāḥ）首長（在位：1950～1965年）は制憲議会の設置と成年男子による選挙の実施を決定し，20人の民選議員とサバーフ家出身者が中心となった閣僚からなる制憲議会にて憲法草案の検討を進めた。起草委員会では権力を保持したいサバーフ家と，サバーフ家の政治的・経済的特権に制限を加えたい大商人層，国民の政治参加を制度的に保証することを求めるANMクウェートの三者間での激しい議論が展開されたが，制憲議会の議員たちには，首長家と「臣民」の関係を改め，首長家と「市民」の関係として制度化することが意識されていたという（佐藤　2013; Alnajjar 2000）。

　憲法はアブドゥッラー首長の名において公布され，同首長はクウェート憲政の父と讃えられることとなった。憲法によって，クウェートは大ムバーラクの直系子孫が王位継承権を有する君主制で，首長は首相の任命権と議会の解散権（ただし，議会から首相が不信任案を提案され，議会との協力ができないことを首長に訴えた場合のみ），立法権を有することとなった。また，サバーフ家の一員が閣僚となること，首長に任命された閣僚が議員資格を兼ねることが認められ，政府が議会内で多数派形成に有利な状況を認めた（ただし，閣僚数は民選議員の定数50の３分の１を超えないよう制限規定が設けられた）。一方で，憲法には国民主権が明記され，議会は立法権を有し，議員の法案提出権，首相以外の閣僚に対する罷免権が認められ，不信任案の提出の前提となる閣僚の問責質問は議員ひとりの提案で可能とされた。また，議会には将来

の首長となる皇太子任命の承認権も付与された。以上の規定がその後のクウェートの議会政治の展開を方向づけることとなった。上述の制憲議会議員たちの意識や，憲法に盛り込まれた議会による皇太子の承認権などの規定の内容にかんがみれば，ここにクウェートにおける合法的支配による正統性が成立したとみることができる。

1963年に第1回国民議会選挙が行われ，任期の4年ごとに1975年まで定期的な選挙が実施され，議会政治が動き出した。議会では憲法を一時的な妥協の産物ととらえ，さらなる国民の権利保障を求めるANMクウェートや，石油産業の発展とともに増加する石油収入を首長家が独占することに反対する商人層と政府との対立が深まり，労働組合設立や首長家予算の制限問題を契機に，サバーフ・サーレム（Ṣabāḥ Sālim al-Mubārak al-Ṣabāḥ）首長（在位：1965～1977年）は1976年に議会の解散と憲法の停止を宣言し，親政を開始した。同首長の後を継いだジャービル・アフマド（Jābir al-Aḥmad al-Jābir al-Ṣabāḥ）首長（在位：1977～2006年）も親政を継続し，両首長は石油ブームに乗って，国内開発・近代化政策を加速させクウェートに経済成長をもたらし，石油収入を元手に国民に教育や医療・福祉，その他公共サービスをほぼ無償で提供する高福祉国家を実現させた。首長は，開発を主導し，発展を導いた者，国民に恩恵を与える者として，国民の支持獲得をめざした。

首長親政による開発の推進と高福祉国家の実現は，クウェートにおける開発独裁モデルであったが，統治の正統性原理としては不十分であり，首長は国民からの政治的要求の高まりの前に憲法と議会を復活せざるを得なかった。ジャービル首長は1979年のイラン革命の影響を受け，国内のシーア派による政治的主張が高まるなか，1980年，憲法の復活と議会の再開を宣言した。復活に際し，同首長は首長令により選挙法を改正し，シーア派や都市部を基盤とする野党勢力を抑え込み，首長家に忠誠を誓う部族代表が議会の過半数を得られるよう，選挙区割りを25区に細分化して，各部族の拠点に配分するゲリマンダリングを行った。1981年選挙では政府の思惑どおりに野党を封じ込めることに成功したものの，1984年に発生した私設証券市場の損失補填事件

34

（スーク・マナーハ事件）の対応をめぐって政府批判が沸き上がり，1985年選挙では野党が議席を伸ばしたため，1986年に再び議会を解散し憲法を停止した。再度の議会解散と憲法の停止に対し，1985年議会の議員を中心に1989年から議会の復活を要求する憲政運動が本格化した。政府は1990年に立法権をもたない諮問評議会を設置して選挙を実施したが，憲法に根拠のない同評議会の設置に対して野党は参加をボイコットした。首長家に対する批判が高まり，国内政治が混乱した状況のなか，クウェートはイラクの侵略・併合を受けることとなったが，憲法に基づかない政治手法では，国民の支持が得られないことが明らかとなった。

3．湾岸危機による権威の失墜と再建

国内政治の混乱に，外交交渉の失敗がイラクの侵攻・併合を招き，さらにサバーフ家の一員が祖国を放棄して早々と国外脱出を図ったことは，サバーフ家の権威を失墜させ，その統治能力に対し国民からの疑義を生じさせた。その結果，亡命中のサウジアラビアで開催されたクウェート国民会議の席で，ジャービル首長は国民の支持を得るために，憲法と国民議会の復活を中心とした民主化要求を受け入れざるを得なかった。1992年の議会復活以降，政府と議会は協力関係にあったが，戦後復興が落ち着く1996年頃を境に，再び両者は対立関係に陥った。とはいえ，1999年にジャービル首長が議会を解散した際，憲法の規定どおりに60日以内の選挙を実施して以降，同首長と政府は改革政策の実施や議会対応において，憲法の尊重，憲法の規定順守を謳った対応を重視し，クウェートの立憲主義・民主主義の擁護者という立場を示すことで野党からの挑戦に対抗し，国民からの支持獲得を図った。

ジャービル首長をはじめ，サバーフ家の一員は，湾岸戦争での避難民を慰問し，国民感情に寄り添ったかたちで，避難所や帰国に向けた便宜供与を図ることで，信頼の回復に努めた。2006年1月にジャービル首長が死去したことを悼む国民からの評価を概観すると，ジャービル首長およびサバーフ家は，

国民の社会的記憶のなかに，湾岸戦争後における自らの統治の正統性を位置づけることに成功したといえる。国連総会場でクウェートの解放を訴えるジャービル首長のスピーチは，クウェート人の琴線にふれるものであり，ジャービル首長の業績を偲ぶ国営テレビの特集において，繰り返しスピーチ映像が放映された。また，首長家メンバーが分担して避難先のクウェート人を訪問し，不便の改善を図るなど，国民に寄り添う努力がなされたことを好意的に評価する一般のクウェート人の声も多数聞かれた。国民議会再開後の1992年には，サアド・アブドゥッラー（Saʿd al-ʿAbd Allāh al-Sālim al-Ṣabāḥ）皇太子兼首相を中心に挙国一致内閣を組閣し，サバーフ家が先頭に立って戦後復興に努めるとともに，自ら国民へ歩み寄る姿を示したことを引き換えとして，国民の評価と支持を取り戻すことにつながったといえよう。

4．憲法に内蔵された対抗イデオロギー

首長および政府は，クウェートの立憲主義・民主主義の擁護者という立場を示すことで野党に対抗したが，野党側による，憲法に明記された国民主権と各種権利を根拠とした政治的要求には譲歩を迫られた。2006年選挙から女性参政権が実現し[5]，同選挙後に野党主導で選挙制度が改正された結果，一票の格差と比例性が改善され，議会政治が活性化した。しかし，その副作用として，議会の解散と選挙の繰り返しや首相・閣僚に対する罷免要求の頻発も招くこととなった。活発化した議会政治において実際に展開されたのは政府と野党とのあいだでレント，すなわち石油の富の分配政策をめぐる対立であり，そこで問われたのは分配政策に対する説明責任であった。

クウェートでは野党の一角を占める「人民行動会派」（Popular Action Bloc: PAB）は，資源ナショナリズムの立場から，憲法第21条が石油を含む天然資源とその収益は国家の財産であり，国家にその安全と国民経済のための適正な利用と保全を求めていることを根拠に，政府に対して適正な分配政策の実施と説明責任（accountability）を要求している。また，同じく野党でイスラー

ム主義を標榜する議員たちは，天然資源は共同体（ウンマ）の共有財産であり，為政者はその利用を管理することはできても独占はできないとするイスラームの解釈と，憲法第2条にシャリーアが主要な法源であると明記されていることに基づき，人民行動会派と組んで同様の要求をしている。無論，上述のような野党の要求は，個別具体的な利益誘導の要求を正当化するための方便ではあるが，あるべき為政者像を提示し，為政者の側をそれに拘束させる力を持ち得る点で，首長の権力に挑戦するうえでの対抗イデオロギーとなった。

　首長および政府はレント配分に関して，野党の求める，あるべき為政者像に沿うことと説明責任の要求に応じなければ統治の正統性を毀損することになる。このことは，議会を舞台に正統性の原理が競合状態にあり，政府が言説レベルでの批判を野党から受けたときに反撃しづらい状況を生み出している。加えて，憲法は，議会に将来の首長たる皇太子の承認／拒否権を付与している。すなわち，議会は，首長の統治の正統性を担保する装置として位置づけられていることを意味する。首長および政府は，自らが選好する政策を実施するためには議会で多数派を形成しておく必要があるが，同時に，多数派を維持することは，国民の支持が自らにあることを示し，野党の主張を相対的に打ち消す効果も持ち得る。したがって，首長および政府は，統治の正統性を維持・再確認するために，物理的に多数派を形成する必要を不断に求められていることとなる。よって，次節では，クウェートの社会的亀裂に基づく政治集団の編成をみながら，どのような集団が王党派を形成し，首長および政府の支持母体となっているのか，王党派の形成と再編について検討する。

第2節　社会的亀裂と王党派の形成・再編

1．社会的亀裂の形成と政治集団化

　クウェートの社会的亀裂の形成について，第1に，歴史的な経緯として，近代化以前の社会階層の分断であるアシール（aṣīl）とバイサリー（baysalī）という区分がある。アシールとは，系譜を遡ることができる家系を意味し，おもにアラビア半島南部から移住してきた一族を指す。彼らは政治だけでなく経済活動を仕切り，その多くが現在でも財閥を形成している。他方，バイサリーは系譜をたどることができない家系で，経済的にアシールに雇用される立場にあった（保坂 1998, 57-59）。クウェートの近代化の過程で普通教育が普及してくると，新たな中間層が台頭してきた。第2の亀裂は，居住形態のちがいと国民として包摂された時期のちがいに起因するハダル（ḥaḍar）とバドゥ（badw）という区分である。先述のとおり，ハダルは現在でも「元来の」クウェート人として言外に国籍法第1条に該当する市民を意味し，都市部住民を指す。彼らは合議でサバーフ家を統治者として立て，石油時代以前には経済的に首長家を支援した立場から，首長家に対し，対等意識をもっていた。また，彼らは，アラブ諸国を席巻した政治思想の影響を受け，アラブ・ナショナリズムやイスラーム主義（ムスリム同胞団），サラフ主義などのイデオロギーに応じて政治団体を結成し，野党勢力として政府や首長家の権限を獲得すべく対抗した（al-Saʿīdī 2010）。他方，バドゥは独立後に定住化し，国籍を付与された部族民を指す。議会政治においては，バドゥは部族における部族長への忠誠を擬制的に適用して首長への忠誠を誓い，議会では政府を支持する王党派と位置づけられ，上述の野党勢力と対立していた。第3の亀裂は，イランのイスラーム革命を契機に顕在化した，スンナ派とシーア派の宗派間の亀裂である。シーア派の政治的な覚醒とともに，対抗してサラフ主義の活性化にもつながった。

上述したクウェートにおける社会的亀裂は，湾岸戦争の経験によって，同じクウェート人という意識が形成されたことによりいったん克服されたかにみえた。しかしながら，1990年代以降の政治的自由化による政治団体の結成とその活動の活発化や，利益の配分をめぐる政治的な対立，議会政治と選挙での動員によって，再び亀裂の顕在化を招いている。社会的亀裂によって区分される社会集団と1991年に設立された政治団体の関係は以下の対応関係にあった。都市部の有力商人層を代表する「護憲連合」(Constitutional Alliance: CA)，左派・リベラルを代表する「クウェート民主フォーラム」(Kuwait Democratic Forum: KDF)，新興の都市中間層を代表し，ナショナリストの「代議員会派」(Bloc of Deputies: BD)，シーア派を代表する「国民イスラーム連合」(National Islamic Alliance: NIA)，スンナ派イスラーム主義で，ムスリム同胞団の政治部門である「イスラーム憲政運動」(Islamic Constitutional Movement: ICM)，復古主義の「サラフィー・イスラーム連合」(Salafi Islamic Alliance: SIA) という対応関係であった。いずれも議会においては無所属議員の合計数に満たない極小政党であったが，その後の政治過程において無所属議員の政治的志向が次第に明確化していく際の核となり，院内会派へと組織化していった（表2-1，図2-1参照）。

　野党の組織化とは対照的に，王党派において，部族集団を糾合するような組織化は2006年まで進展しなかった。その要因として，すでに政府は議会内で閣僚が議員を兼ねて最大で15議席をもつことができ，民選議員50人を含めたうえでの過半数獲得に必要な議席数は18となり，部族代表との友好的な関係が維持されていれば困難ではなかったためである。したがって，政府は選挙法で禁止されている予備選挙を部族集会で代表を絞り込むために実施しているのを黙認し，首長や首長家の一員は，部族の長老と相互に訪問しあって陳情と協力関係の確認を進めていた。各部族はそれぞれの要求を部族代表議員と長老らをとおして政府に訴えることができたため，異なる部族がひとつの王党派会派として組織化する誘因は低く，議員たちは無所属であった。ここでは，議会以外のインフォーマルなチャンネルが用いられており，部族長

表2-1　会派・政治団体の獲得議席数

選挙区割			25選挙区制					5選挙区制				
	会派	政治団体	1992	1996	1999	2003	2006	2008	2009	2012-2	2012-12	2013
イスラーム主義	ISB				14	14	17					
	DRB								3	9	×	×
		ICM	4	5	(5)	(2)	(6)	3	(1)	(5)	×	×
		SIA	3	4	(1)	(2)	(2)	4	2	4	1	2
		SM		1	(1)	(2)	(1)					
ポピュリスト	PAB				11	6	8	3	4	5	×	×
		BD	11									
		NIA	3	1	(2)	(1)	(2)	1	1	2	5	1
左派・リベラル	NAB				8	6	8		3	2		
		KDF	2	2	(4)	(1)	(2)	0	(1)	0	×	×
		CA	1	2								
		NDA			(1)	(0)	(2)	3	(2)	(1)	×	×
王党派（部族）	IB						13					

（出所）　筆者作成。

（注）　網掛けは組織の不存在（結成前，解散，自然消滅等）を意味する。×は選挙のボイコットを意味する。政治団体のカッコ書き数値は，会派の議員数に含まれることを意味する。
　　　NABは2003年まで「リベラル・グループ」を称し，2006年に改組・改名した。2008年は活動が確認されないため不存在とした。SIAはDRBに加わらず。NIAは2008年からPABを脱退（実態はPABから放逐）。

（凡例）　ISB：イスラーム会派
　　　　　DRB：発展改革会派
　　　　　ICM：イスラーム憲政運動（ムスリム同胞団）
　　　　　SIA：サラフィー・イスラーム連合
　　　　　SM：科学的サラフィー運動
　　　　　PAB：人民行動会派
　　　　　BD：代議員会派
　　　　　NIA：国民イスラーム連合（シーア派）
　　　　　NAB：国民行動会派
　　　　　KDF：クウェート民主フォーラム（アラブ・ナショナリズム）
　　　　　CA：護憲連合
　　　　　NDA：国民民主連合
　　　　　IB：無所属会派

図2-1 2008年以前の議会構成と支持基盤

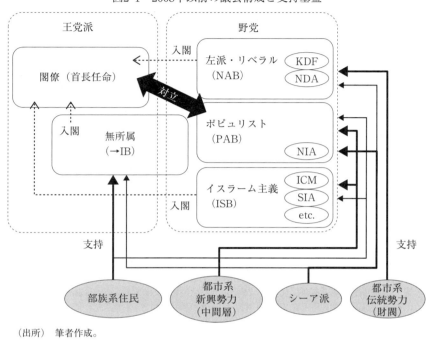

(出所) 筆者作成。

を通じた忠誠と引き換えに，さまざまな便宜を受け取るという互酬的な交換の関係が成立していた。

　無所属の部族代表議員らが王党派として組織化し，会派を結成した契機は，2006年の選挙制度改革であった。1981年選挙から導入された選挙区割りでは，人口動態の変化により，一票の格差が高まっていた（表2-2参照）。また，部族の予備選挙の黙認や，街区レベルの選挙区割りでは当選に必要な得票数が少なく票の買収が起きやすいこと，議員が利益誘導に走り，国政レベルで必要な議論が妨げられるなどの弊害が指摘されていた。選挙制度改革案は，野党側が要求する5区制案が優勢であったが，その制度では不利となる部族代表議員らは，政府が代替的に提案した10区制案を支持して団結し，議会解散に合わせて，統一会派を組んだ野党側に対抗して2006年5月に「無所属会

第2章　クウェートの議会政治と王党派の形成　41

表2-2　選挙区ごとの登録有権者数の変化

現5区制	旧25区制	1981	1985	1992	1996	1999	2003	2006	2008	2009	2012	2013	2016
1	1	1,375	1,495	1,898	2,138	2,338	3,629	6,959					
	4	1,800	2,335	2,927	3,194	3,291	3,803	7,374					
	8	1,365	3,295	4,595	6,159	6,496	7,363	20,139					
	12	1,283	1,618	2,912	3,825	3,993	4,423	14,084					
	13	2,785	3,810	5,000	6,073	6,156	7,260	14,672					
	小計	8,608	12,553	17,332	21,389	22,274	26,478	63,228	66,641	69,132	71,146	77,245	78,643
2	3	1,070	1,330	1,666	1,851	1,952	2,471	5,158					
	5	1,663	2,092	2,549	2,928	2,921	3,487	7,614					
	6	1,660	2,131	2,630	2,915	3,024	3,213	7,938					
	2	1,095	1,317	1,728	1,959	2,008	2,238	5,119					
	18	1,844	2,406	3,370	4,919	5,091	5,788	13,481					
	小計	7,332	9,276	11,943	14,572	14,996	17,197	39,310	41,365	43,473	45,400	49,755	55,376
3	7	1,330	1,692	2,120	2,418	2,428	3,150	6,690					
	9	1,554	1,859	2,536	2,962	3,049	3,323	7,873					
	10	1,589	2,315	3,729	4,704	4,932	6,373	18,779					
	11	1,284	1,707	2,409	2,980	3,322	4,531	12,962					
	14	1,715	2,214	3,146	2,766	3,210	4,627	8,837					
	小計	7,472	9,787	13,940	15,830	16,941	22,004	55,141	58,674	62,587	67,063	76,501	86,247
4	15	1,547	2,753	4,277	5,576	5,880	8,033	19,847					
	16	1,719	2,810	4,962	6,489	6,645	6,716	16,559					
	17	1,881	2,004	3,389	5,553	5,998	7,161	20,025					
	19	1,617	2,005	2,643	4,144	4,849	5,399	17,823					
	20	2,163	3,105	4,313	5,545	5,714	6,864	15,782					
	小計	8,927	12,677	19,584	27,307	29,086	34,173	90,036	93,711	99,882	103,280	113,685	127,408
5	21	1,704	3,470	7,130	9,740	10,121	10,764	30,970					
	22	1,829	2,264	3,301	5,179	5,500	7,276	16,981					
	23	2,564	3,208	4,148	6,206	6,442	6,606	15,319					
	24	1,710	2,054	3,166	5,817	6,029	7,933	17,572					
	25	1,862	1,556	896	1,129	1,493	4,284	11,691					
	小計	9,669	12,552	18,641	28,071	29,585	36,863	92,533	101,294	109,716	113,407	112,529	135,512
合　計		42,008	56,845	81,440	107,169	112,882	136,715	340,248	361,685	384,790	400,296	429,715	483,186
一票の格差		2.6	2.89	7.96	8.63	6.78	4.8	6.05	2.45	2.52	2.5	2.28	2.45

（出所）　クウェート国営通信（KUNA）および *al-Qabas* の選挙報道のデータに基づき，筆者作成。
（注）　2006年より女性参政権実現。網掛けは各選挙実施年の登録有権者数が最大と最小の選挙
　　区を示す。一票の格差は，登録有権者数が最大の選挙区の人数を最小の選挙区の人数で割っ
　　た倍率を示す。

派」（Independent Bloc: IB）を結成した。

　無所属会派は，野党側の会派に比べ，結束力は弱く，2006年6月の解散・選挙を経て5区政の選挙制度改革が実現すると，有名無実化した。その代わり，それぞれの部族で新たに導入された4人までの制限連記制にいち早く対応し，4人組みの選挙リストを作成した。また，単独で4人組の選挙リストを作成しても得票が望めない中・小規模の部族は，連合して選挙リストを作成し，選挙戦を戦うスタイルを確立した。2006年議会においてメディア法や集会法の規制が緩和されたことは，都市部を基盤とする従来の野党勢力とは違った新しい部族中心の政治活動を活発化させた（Tétreault 2011, 90-91）。保守的なイスラーム主義が浸透していることも影響し，イスラーム会派から分離して独自の会派を結成する動きもみられた。部族勢力の政治活動の活発化の背景には，一票の格差の緩和によって，彼らが有権者数で多数派となり，これまでクウェート議会政治をリードしていた都市部の各勢力を数的に圧倒できるようになったことがある。この，部族の政治的な覚醒ともいうべき変化は，首長家・政府との関係を変化させ，部族勢力は王党派から野党へと立場を変えるに至った。

　部族の政治的な覚醒ともいうべき変化に対し，政府がとった対応は厳格な法の執行であった。ナーセル・ムハンマド（Nāṣir al-Muḥammad al-Aḥmad al-Ṣabāḥ）首相（在職：2006〜2011年）は2008年選挙以降，これまでは黙認していた予備選挙の取り締まりに乗り出し，治安部隊を派遣して集会を解散させた。また，同様にこれまで黙認していた，モスクや集会場など当局の許可を得ないまま建設された違法建造物の強制撤去を開始し，抗議した集団には治安部隊を派遣して解散させた。政府の対応は法に沿った真っ当なものであったが，部族勢力とは従来と変わって敵対関係になった。加えて，政府が新たな経済都市の建設や石油生産能力増強のための精製施設の新設，公共部門の民営化などの政策を推進する立場をとったことに対し，失業問題や公共サービスの劣化，インフラ更新などの対応が後回しにされているとの不満も高まっていた。そのため，とくに若い世代の不満が治安部隊との小競り合い

となってあらわれた。政府は依然として議会内での多数派形成に苦慮してい
たが，従来の部族勢力と政府の関係の変化が，どのように王党派の再編を促
したか，次項で検討する。

2．選挙制度改革の影響と王党派の入れ替わり

　前項において，憲法に立脚した統治の正統性において，脆弱さを抱える首
長および政府は，公平・公正な分配要求を強める野党に対し，部族勢力を中
心とする王党派の形成で議会での多数派形成に努めていたが，2006年の選挙
制度改革を機に，部族勢力の独自の政治活動が活発化すると，従来の部族勢
力との関係を転換したことが明らかとなった。議会内勢力の再編と部族勢力
に代わる王党派の入れ替わりについて，以下検討する。
　ナーセル政権下では，将来の脱石油化を見据えて，金融や観光のハブとな
るような新たな都市開発を進め，サービス業を中心に民間部門を拡大育成す
る政策的志向が顕著であった。石油価格の高騰による財政黒字や周辺国の開
発プロジェクトに刺激されたことにもよるが，若者の失業対策と雇用創出と
いう目的もあった。しかしながら，このような脱石油化を見据えた開発志向
はナーセル政権だけでなく，1990年代から政府の政策課題であり続けていた。
その土台は，1993年にクウェート政府の要請で世界銀行が実施した財政赤字
の原因とその処方箋を記した報告書（世界銀行報告書）であった。クウェー
ト政府は，1980年代の逆オイルショック時代に，公的部門が肥大化し，財政
構造の改革に迫られていた。政府は，世界銀行報告書に基づいて，徴税を前
提とした公共サービスの有料化や水道光熱費，燃料費などの補助金削減，国
営企業の民営化といった改革に着手した（保坂 1996）。しかし，国民のほと
んどが公的セクターに属する労働者であったため，労働組合の支持を受けた
リベラル派やイスラーム主義の議員が多数派を占める議会の反対で改革は進
まなかった。
　民営化と民間部門の拡大育成策で恩恵を受けてきたのが，従来，議会にお

44

いて野党であった都市部の伝統的な有力商人層であった。1980年代までは，議会において野党の中心として政府と対立してきたが，1990年代以降，政府の開発プロジェクトに参加することで利益を増やし，政府に協力的になった。政府からビジネス機会を提供・保障され，選挙の際には資金提供を受け，議会では特定の会派に属さず無所属のまま政府の多数派獲得に協力した彼らは，「サービス議員」と称された。都市部の選挙区を基盤とする彼らは，2006年の選挙法改正によって一票の価値が高く保たれたものの，支持基盤が縮小し，かつ，選挙において政府（ナーセル首相）から資金提供を受けていると野党側から腐敗選挙として批判されていた。

　部族代表に代わる王党派を構成する中心は，上述した無所属のサービス議員であったが，政府はそれに加えて現職議員ではないものの，政治団体または会派に属する人物，すなわち議員を引退したり，政治団体または会派から立候補して落選した人物を入閣させることで，都市部を基盤とした政治集団と接近した。ナーセル内閣の閣僚構成において，特徴的なのは，ポピュリストのPAB関係者の入閣が一切ない一方で，イスラーム主義のICMやSIAと，リベラルの「国民民主連合」（National Democratic Alliance: NDA）の関係者が入閣を継続していることである。換言すると，新興中間層や部族地域のイスラーム主義勢力が入閣の対象から外されている一方で，都市部のイスラーム主義とリベラルからはバランスをとった入閣がなされ，良好な関係が続いているともいえる（石黒 2013b, 185-189）。政府のやり方は分断統治と取り込みであったが，部族地域選出議員が多数派を占める議会では盤石ではなかった（図2-2参照）。

　政府は，脱石油経済と若年層の雇用創出をめざした開発プロジェクトが国家の将来的な発展に有効であり必要であるというビジョンを示し，それを実現させることで，国民の支持の獲得を図った。しかしながら，開発プロジェクトは，政府と大商人層を中心とする都市部選出議員が結託して，恣意的な利権の分配を行っているとの野党の反発を招いている。さらに野党の反対によって開発政策の進捗が滞ることで開発政策の成果がなかなか国民に評価さ

図2-2 2009年以降の議会構成と支持基盤

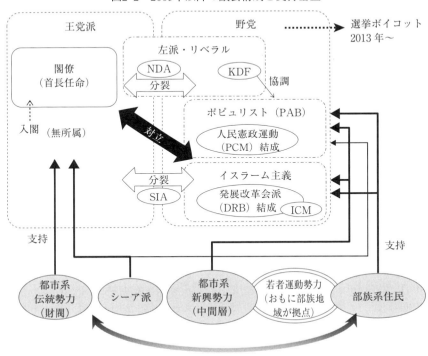

(出所) 筆者作成。

れず，政府の支持獲得につながらないという悪循環に陥った。

　国民の多数派は野党，すなわちPABと部族・イスラーム主義連合が要求する現金給付を主とする政策要求を支持していた。その背景には，2000年代後半の石油価格の急騰はドル安を招き，食料品を中心にほぼ輸入品が占める日常生活の必需品の価格高騰を招いたことがある。2008年から2009年にかけての金融危機による個人の損失補填や個人負債の政府買い取り要求については疑問であるが，野党側が政府に対し賃金水準の引き上げや国民への現金給付を繰り返し要求したのは経済状況の変化と国民の不満・不安を反映したものであった。また，プロジェクト事業の落札・契約を通じて利益にあずかったビジネス層とそれ以外のあいだでの格差に不満が拡大していた。政府は，

46

開発プロジェクトの汚職・腐敗批判に加え，（野党の批判のせいではあるが）進捗の停滞でさらに国民の批判を受けることとなり，当初は拒否していた現金給付策を渋々受け入れざるを得なかった。政策の是非はともかく，国民の要求に対する政府の応答性は低いものであった。

3．司法の介入と野党のボイコット

　2012年2月選挙の結果，野党が議席の3分の2（34議席）を獲得したことによって，政府と首長家は湾岸戦争後以来となる権力の危機に直面した。野党は民選議員を首班とする政府の形成を実現させる手始めに，閣僚の過半数を超える9つの閣僚ポストを要求した。新たに任命されたジャービル・ムバーラク（Jābir al-Mubārak al-Ḥamad al-Ṣabāḥ）首相周辺では，代々首長家メンバーがついていた内相ポストに首長家外から任命する案や，野党との政治的責任の共有化による安易な政府批判の抑制を図ることも検討されていたようであるが，サバーフ・アフマド（Ṣabāḥ al-Aḥmad al-Ṣabāḥ）首長（在位：2006年～）は野党の要求を拒否し，既存の権力は一切譲渡しない姿勢を明確にした。とはいえ，ここで首長が議会を解散しても議会構成が政府に有利に変わる見込みはなく，かつてのように議会を解散したまま憲法を停止する，あるいは君主による改憲という強制手段は民意を否定したとして，自らの正統性を毀損させることとなる[6]。政治的な妥協の成立する余地がないなか，憲法が「ゲームのルール」としてクウェート国内の政治集団に受け入れられている状況に反しないかたちでの打開策としてとられたのは，司法による介入，すなわち，憲法裁判所の違憲判断による議会の解散と，その後の首長による選挙法の改正，新たに選出された議会での改正の承認，一連の手続きについての憲法裁判所での合憲判断の確定という対応であった。

　司法判断による議会の解散とその後の一連の手続きによって，首長と政府は，憲法の規定上は問題ないというかたちをとって事態を打開し，王党派中心の議会構成を実現させた。野党による執拗な追及がなくなったことで，開

発プロジェクトは進捗が向上し，渋滞対策や大型病院の完成への期待が高まっており，政府は大型公共事業の進展を印象づけることで，国民の支持回復を図っている。他方，野党は首長と政府による一連の手続きに反発し，2012年12月選挙以降，選挙への参加をボイコットしている。投票率は2012年2月選挙で20％強下落し，登録有権者ベースでの速報値で38％を記録した（その後の公式発表で40.8％に修正）。2013年7月選挙では，首長が部族長へ選挙への参加を呼び掛け，投票率はかろうじて50％を超えたが，政府は野党指導者への抑圧を強めており，政治的な分極化の進行を招いている。部族長とのインフォーマルなチャンネルを通じた支持の動員は有権者の1割程度には効果がみられたが，合憲性を装った一方的なルールの改変は，国民の支持を得られているとは言い難い。合法的支配に基づく正統性が確立された状況でのこのような行為は，統治の正統性を自ら毀損する可能性を大いにはらんでいる。

おわりに

　本章では，クウェートにおいて，サバーフ家による統治の正統性原理がいかに維持あるいは再構築されているのか，という問題関心について，君主と国民のあいだをつなぐ主要なチャンネルとして憲法で規定された議会制度の展開，王党派の形成と再編について論じた。クウェートにおいて，憲法が「ゲームのルール」としてクウェート国内の政治集団に受け入れられている状況が成立しており，首長および首長家の統治の正統性原理が憲法に拘束されている背景には，サバーフ家が有力商人層による選出によって統治を開始したという歴史的経緯と，それを反映して，首長家と国民の代表との交渉と合意を経て現行憲法が制定され，首長および首長家と国民の関係を制度的に規定した社会的契約としての性質にあることが確認された。憲法の規定には，野党が政府に対し適正な分配政策の実施と説明責任の要求を可能にする対抗イデオロギーが内蔵されており，加えて，議会が首長の統治の正統性を担保

する装置として位置づけられていることから，首長・政府は統治の正統性原理を毀損することなく政策を遂行するには，議会において不断に多数派を形成する必要があることが確認された。

　首長・政府による多数派形成は，首長に忠誠を誓う部族の代表により議席の過半数が獲得されるよう選挙区割りを行うことで対応した。王党派としての部族集団とのつながりは，部族長を通じたインフォーマルな関係に基づいていた。しかしながら，2006年の選挙制度改革を契機として生じた部族の政治的な覚醒と，ポピュリストとイスラーム主義勢力の浸透によって，憲法に内在された対抗イデオロギーを用いた政府批判が高まり，首長・政府は王党派の入れ替え・再編を迫られ，既存の相互依存関係を解消した。有権者人口で多数派を占める部族が新興勢力として伸張し，政治的権利や経済的利益への要求を増大させるのに対し，以前はクウェートの民主制の担い手を自負していた大商人層や都市部の政治勢力は少数派に転じ，既得権益の保持と政府の開発プロジェクトによる利益を享受することで新たな王党派に転じたことが明らかにされた。

　クウェートにおいて，首長および首長家による統治の正統性は憲法に拘束されており，代替的な統治のためのイデオロギーを政府はもつことができなかった。開発独裁的な手法は補完的にはなり得たが，代替となり得なかった。また，2006年以降の部族勢力を支持基盤とした野党が，憲法の規定を根拠とした対抗言説を用いて選挙と議会政治を通じて首長および首長家の権力に挑戦したことに対し，政府は，これまでにはなかった司法の介入というかたちで議会政治を新たな王党派中心の構成に変え，コントロールを可能とし，「ゲームのルール」違反を回避できたかにみえる。しかしながら，それに反発した野党の選挙ボイコットを招き，国内の政治的分極化を深める結果を招いている。合法的支配に基づく統治の正統性が確立した状態においては，政府の対応は，統治の正統性を自ら毀損させかねない深刻な危機をはらんでいるともいえよう。

〔注〕

(1) クウェートでは憲法第43条で結社の自由は認められているが，政党につい
て規定した法整備はなされておらず，集会法や出版法など他の法律によって
活動が規制されている。組織としての政治団体は，社会事項省が所管する社
団法に基づく団体の政治部門として活動しているのが実態である。議員によ
る政党法の法案提出が報道発表されることはあっても，議会の審議日程には
上程されない状況にある。憲法原文（アラビア語）については，国民議会公
式ウェブサイト（http://www.kna.kw/clt-html5/run.asp?id＝2024，2017年7月25
日最終閲覧），英語版については，同サイトのもの（http://d.kna.kw/sms/pdf/
En_Dostoor.pdf，最終閲覧日同じ）を参照した。日本語訳については，保坂
（2001）を参照。

(2) 憲法第107条では議会解散後2カ月（60日）以内に選挙を実施することが規
定されている。

(3) 憲法第4条において，首長は皇太子の任命にあたって，指名した皇太子候
補を議会に諮り，議会の過半数の賛成による承認が必要と規定されている。
議会の承認が得られなかった場合は，首長が少なくとも3人の皇太子候補を
議会に示し，そのうち1人に対して議会が忠誠表明を行い選定する。

(4) 1959年制定の国籍法第1条は，1920年以前からクウェート（壁の内側）に
居住していた者とその子孫にまず国籍を付与することを規定している。また，
同法は，第1条適用者以外を帰化者として扱い，長らく参政権の行使に制限
を加えていた。段階的に制限が解除され，帰化者の直系子孫が第1条適用者
と法律上の扱いで同等となったのは1995年の法改正以降であった。国籍法に
ついては，国連難民高等弁務官事務所（UNHCR）のウェブサイト（http://
www.refworld.org/docid/3ae6b4ef1c.html，2017年7月25日最終閲覧）を参照。

(5) 女性参政権については，1999年議会の解散中に首長が緊急勅令のかたちで
女性参政権を盛り込んだ選挙法の改正を行った。これに対し，新たな議会で
は首長令の承認が否決された。その後，2003年議会において世論の盛り上が
りを受け，政府がイスラーム主義勢力の一部を取り込むことで，女性参政権
を付与する選挙法の改正案を2005年に可決成立させた（Tétreault 2011, 77-
79）。

(6) サバーフ首長は，ドイツ訪問時の現地メディアによるインタビューにおい
て，政府と議会の対立は，議会に強い権限を与えている憲法に起因している
との考えを示し，議会との権力分有には否定的な態度である（*al-Sharq al-Aw-
sat*, April 27, 2010）。

〔参考文献〕

＜日本語文献＞

石黒大岳 2013a.『中東湾岸諸国の民主化と政党システム』明石書店.

——— 2013b.「中東湾岸君主国における議会政治の展開」『史淵』150, 3 月 173-200.

佐藤卓巳 2013.「アフマド・ハティーブについての試論」『イスラーム地域研究ジャーナル』5, 3 月 65-76.

保坂修司 1996.「クウェートの市民社会と経済——分配国家からふつうの国へ———」福田安志編『GCC 諸国の石油と経済開発——石油経済の変化のなかで———』アジア経済研究所 235-265.

——— 1998.「クウェートの民主主義——国民議会の展開———」『中東・イスラーム諸国の国家体制と民主化』日本国際問題研究所 48-76.

——— 2001.「クウェート国」『中東基礎資料調査——主要中東諸国の憲法（上）———』日本国際問題研究所 201-254.

松尾昌樹 2010.『湾岸産油国——レンティア国家のゆくえ———』講談社.

＜英語文献＞

Alnajjar, Ghanim 2000. "The Challenges Facing Kuwaiti Democracy," *Middle East Journal*, 54 (2) Spring: 242-258.

Beblawi, Hazem, and Giacomo Luciani 1987. *The Rentier State,* London and New York: Croom Helm.

Brumberg, Daniel 2002. "The Trap of Liberalized Autocracy," *Journal of Democracy*, 13 (4) October: 56-68.

Crystal, Jill. 1990. *Oil and Politics in the Gulf: Rulers and Merchants in Kuwait and Qatar*, Cambridge: Cambridge University Press.

Herb, Michael 1999. *All in the Family: Absolutism, Revolution, and Democracy in the Middle Eastern Monarchies*, Albany: State University of New York Press.

Ismael, Jacqueline S. 1993. *Kuwait: Dependency and Class in a Rentier State*, Gainesville: University Press of Florida.

Longva, Anh N. 1997. *Walls Built on Sand: Migration, Exclusion, and Society in Kuwait*, Boulder: Westview Press.

Tétreault, Mary Ann 2000. *Stories of Democracy: Politics and Society in Contemporary Kuwait,* New York: Columbia University Press.

——— 2011. "Bottom-Up Democratization in Kuwait." Mary Ann Tétreault, Gwenn

Okruhlik and Andrzej Kapiszewski eds. *Political Change in the Arab Gulf States: Stuck in Transition.* Boulder: Lynne Rienner, 73-98.

＜アラビア語文献＞

al-Saʿīdī, Ṣāliḥ Baraka 2010. *al-Sulṭa wa al-Tayyārāt al-Siyāsīya fī al-Kuwayt* ［クウェートにおける権力と政治潮流］, al-Kuwayt: al-Qabas.

＜新聞＞

al-Qabas
al-Sharq al-Awsaṭ

第3章

ふたつの「マジュリス」

──バハレーンにおける国民の政治参加と統治体制の安定性──

村 上 拓 哉

はじめに

2011年2月14日,「アラブの春」の影響を受け,バハレーンの首都マナーマに約6000人の市民が集まり,政府に対して政治・経済改革を求める抗議活動が行われた。抗議活動への参加者は増加を続け,2月22日には15万人に達した。シーア派の有力政治団体であるウィファーク（Al-Wefaq National Islamic Society）は選挙によって選出された政府や立憲君主制を要求したが,強硬派は国王の退位を要求してきた。バハレーンで起きた抗議活動は,周辺の湾岸諸国で起きた抗議活動に比べると,はるかに激しかった。しかし,チュニジアやエジプトと異なり,体制転換には至らなかった。また,イエメンやシリアのように,国内が内戦状態になることもなかった。なぜバハレーンでは体制転換に至らなかったのか。「アラブの春」は,バハレーン政府がどのようにして正統性を確保しているのかについて,再度疑問を浮上させた。

バハレーンの政治体制については,スンナ派とシーア派の対立といった不安定要因に注目が集まることが多い。周辺の湾岸アラブ諸国と比べると,クーデター未遂やデモの発生頻度が高く,スンナ派の王家が多数派のシーア派を支配しているという社会構造が注目されてきた。これにより,バハレーンの王家には正統性がないという指摘もしばしばなされてきた[1]。

54

他方，王朝君主制（Herb 1999）やレンティア国家仮説（Beblawi 1987）など，バハレーンも含めた湾岸アラブ諸国の政治体制の安定性についてはさまざまな観点から論じられてきた。しかし，バハレーンの国家予算に占める石油・ガス収入は6割を超えるものの，その他の湾岸諸国と比べると石油生産量は少ない。すなわち，バハレーン政府は，国民を十分に取り込むだけの資源を有していないということが指摘できる[2]。

新君主制例外論（Yom and Gause III 2012）では，国内の横断的な連携，レント収入，外国の支援，の3つの要因が中東の君主制諸国を「アラブの春」から守ったと分析した。そのなかで，バハレーンはスンナ派とシーア派の対立という社会的亀裂が存在し，レント収入も少なかったため，「アラブの春」で大きな大衆運動が発生することになったものの，GCC諸国が軍事的・経済的な支援を提供したことでバハレーンの政治体制は支えられたと結論づけている。しかし，新君主制例外論で指摘された3つの要因は，バハレーンで大規模な抗議運動が起きた理由を説明する手法としては適切かもしれないが，外部の支援によって強権的に運動を抑えたのであれば，なぜ反体制派はシリアやリビアのように内戦の道を進まなかったのか，そして，なぜ反体制派の主流派は体制転換ではなく立憲君主制の確立を望んだのか，ということを説明するには不十分である。この問題を明らかにするために，本章では，国家の政治体制を安定させるツールとして，伝統的な統治制度である「マジュリス」に注目する。

第1節　バハレーンの社会構造と統治体制

1. バハレーン社会の特徴と政治への関与

バハレーンの社会構造を語る際には，バハールナと呼ばれる土着のシーア派と，アラビア半島中央部という外部からきたハリーファ家などのスンナ派

第3章　ふたつの「マジュリス」　55

との二項対立が注目されることが多い。しかし，ハリーファ家の「外部性」
は，彼らだけに特有のものではない。土着のバハールナが多数派とはいえ，
ハリーファ家と同じくアラビア半島に起源をもつスンナ派部族や，ペルシャ
系アラブのハウラのほか，シーア派もイラン系のアジュミー，パキスタン系
のバーキスターニーなど，多種多様な出自の者たちによってバハレーン社会
は形成されている（高橋 1993, 190-191）。ハリーファ家によるバハレーンの
初代統治者（Ḥākim）となるアフマド・ビン・ムハンマド・ビン・ハリーフ
ァ（Aḥmad bin Muḥammad bin Khalīfa，在位：1783～1796年）が1783年に征服す
るまで，バハレーンを統治していたのもペルシャのザンド朝の支配下にあっ
たハウラのナスル・アール・マズクール（Naṣr Āl Madhkūr）であり，多数派
のバハールナではなかった。

　バハレーンは1880年にはイギリスの保護国になり，ハリーファ家はバハ
レーンの統治者としての地位をイギリスから保障されることになった。同時
に，イギリスはバハレーンの近代化を進めることにもなった。未整備の法制
度，ペルシャ民族主義のバハレーンへの波及などによって，バハレーン一国
のみならず，周辺国とのあいだで生じた軋轢についても，イギリスは対処す
ることになったからである。国内の安定性に関してもイギリスは関与を強め
た。イーサー・ビン・アリー・アール・ハリーファ（‘Īsā bin ‘Alī Āl Khalīfa，
在位：1869～1932年）の治世下において，支配家による恣意的な処罰の実施
や強制労働，不平等な重税に不満をもったバハールナによる暴動が発生する
と，イギリスはイーサーを退位させ，息子のハマド（Ḥamad bin ‘Īsā Āl
Khalīfa）を新たな統治者として即位させようとした。これは，イギリスがバ
ハールナの意向を受けただけでなく，ハマド自身も改革派の王族として，保
守派の王族やスンナ派部族と対抗するために，イギリスやバハールナの支持
を必要としたという背景がある（高橋 1993, 193-197）。事実，ハマドはその後，
法制度の改革などによりスンナ派とシーア派の格差解消を進めていった。そ
の後も，ハマドの後継者候補だったサルマーン（Salmān bin Ḥamad Āl Khalīfa）
がバハールナの支持を求めるなど，スンナ派である王家が常にシーア派の国

民と対立をしてきたわけではないし，没交渉であったわけでもない。

2．統治体制の確立と国家の近代化

イギリスの保護領下においてハリーファ家による統治体制は固定化されて
いった。それは，イギリスがスエズ以東から撤退し，1971年にバハレーンが
独立を果たして以降も変わることはなかった。1973年には憲法が制定され，
同年には国政選挙を実施し，議会が開会された。しかし，アラブ・ナショナ
リストを中心とする人民会派と，シーア派のイスラー（ウラマー）を中心と
する宗教会派がそれぞれ政府と対立し，議会と政府が対立状態に陥ると，
1975年に憲法と議会は停止されることになった[3]。1979年にイランでイス
ラーム革命が発生すると，バハレーン国内でも一部のシーア派がイランの支
援を受け，過激な行動に出始めた。政府はこれらの過激派を排除するため，
他の湾岸アラブ諸国とGCCを結成し，国家の安定化に努めた。1981年には
バハレーン解放イスラーム戦線（IFLB）によるクーデター未遂が発生するな
ど，1980年代に政府は過激主義との闘いに明け暮れることになった。
　1990年代には，イラン・イラク戦争が終結し，「革命の輸出」を唱えたホ
メイニーも死去したことで，湾岸諸国とイランとの関係が改善し，湾岸諸国
内のシーア派過激派の勢力も弱まった。バハレーンでは国内の政治状況に不
満をもつシーア派住民による騒動が相次いだものの，1999年にハマド首長が
即位すると，バハレーンの近代化は一気に加速する。2001年に国民投票で国
民行動憲章（National Action Charter）が投票率90％，うち98.4％の賛成をもっ
て採択され，2002年にはこれをもとに新たな憲法が公布された。これは，国
号を国家（dawla）から王国（mamlaka）に，国王の称号を首長（amīr）から国
王（malik）に変えることで，立憲君主制の国家となることを示すものであっ
た。そして，立法府として二院制の議会が設置され，下院は自由選挙によっ
て議員を選出することが規定された[4]。

3. 議会の権限と制約

2002年の一連の改革は，国民を政治参加させることで，政治への不満を和らげる目的があった。政党の結成は禁止されているものの，政治団体の結成は認められており，これは事実上の政党として機能している。議会は立法権を有しており，さらに国王が発出する勅令に関しても審議し，議会休会中に発出された勅令についても過去に遡って無効とすることができるなど，強い権限が与えられている。政治的な自由も拡大し，政治犯への恩赦や亡命者への帰国許可が発出された。シーア派の主要な政治団体であるウィファークは，2002年の選挙はボイコットしたものの，2006年には参加し，60%を超える得票率によって定数40議席のうち17議席を獲得した。

しかし，このような政治改革は，国内の反体制派を十分に満足させるものではなかった。選挙区割りがスンナ派の居住地域とシーア派の居住地域を分けて線引きされており，人口比から考えると多数派とされるシーア派住民は最大でも18議席しか獲得できないような区分になっている（石黒 2011, 323-324, 327）。このため，先に書いたように，ウィファークは2006年の選挙で得票率が60%を超えながらも，議席数は全体の42.5%となる17議席の獲得にとどまったのである。さらに，勅選で議員が任命される上院が下院と同等の権限を有しており，問責決議や法案の議決についても上院の賛同を必要とするなど，政府にとって著しく不利な状況が発生することを防ぐ措置がなされている。これらは当然ながら反体制派から批判の対象となっており，1973年憲法の復活を求める声もある。

議会制度への制約は，民主化が未達成な証左であるとして，しばしば批判の対象となる。しかし，ここで疑問に上がるのは，議会が停止された1975年から2002年まで，バハレーン国民は一切の政治参加ができなかったのだろうか。国民の政治参加を測る指標としては選挙が唯一絶対の手段とみなされ，選挙の有無，選挙活動の自由度，選挙運営の公正さなどをもって民主化の度

58

合いが評価される。しかし，直接民主制の例もあるように，政治参加の手段は必ずしも選挙だけとは限らない。バハレーンでは「マジュリス」という伝統的な統治制度があり，建国以来政治参加の場として機能してきた。そして，これは，2002年の改革以降も，近代的な統治制度と並んで存在し続けているのである。

第2節　もうひとつの「マジュリス」

1．バハレーンにおける現代のマジュリスの特徴

「マジュリス」（majlis）とは，「座る（＝jalasa）ところ」を意味するアラビア語である。ここから転じて，人びとが集まり，座って議論する場所のことを総じてマジュリスと呼ぶようになった。現在では，評議会や議会といった政治機関，会議の場所，住居の客間などを指す語としても広く一般的に用いられている。バハレーンでも，上院の評議院はマジュリス・シューラー（Majlis al-Shūrā），下院の代議院はマジュリス・ヌッワーブ（Majlis al-Nuwwāb）と呼ばれている。

　本章で取り上げるのは，伝統的な集会という意味でのマジュリスである[5]。原初的な形態としては，地域社会の構成員が集まって議論をする集会となるが，アラビア半島の部族社会においては部族単位で開かれることが一般的であった。コミュニティを形成する部族は，彼らの居住する空間の政治・経済・社会的な問題について決定をするため，マジュリスの場で議論をしてきた。数人による談議の場というよりも，コミュニティの構成員に広く場を開き，政治的な異議申し立てを受け付ける場としても機能してきた。こうしたマジュリスの文化はイスラーム以前の時代から遊牧民の伝統として存在したが，イスラームにおいても評議や合議が推奨されたことから，政策決定過程として好ましいものとしてとらえられてきた[6]。近代的な議会を指す言葉に

マジュリスの語が充てられているのも，マジュリスに対する好意的なイメージを反映したものだろう[7]。

　遊牧民の定住化が進むに従ってマジュリスの伝統は薄れていき，都市化，近代化が進んだ社会の総意を反映させるのに十分な政治参加を得ることは難しくなっていった。しかし，バハレーンでは湾岸諸国のなかでも比較的この慣習が色濃く残され[8]，政府の側もその役割に積極的に価値を見いだしていった。第10代統治者のイーサー・ビン・アリーは，政治，社会，経済などすべての問題を人びとと議論すると宣言し，マジュリスを定期的に開催することを通じてこの目的を達成しようとした[9]。また，第12代統治者のサルマーン・ビン・ハマド（前掲，在位：1942～1961年）は「マジュリスはわれわれの学校である」（Majālis-nā Mudāris-nā）と述べ，現在までバハレーンにおけるマジュリスの社会的重要性を示す言葉として残っている（Qaḥṭān 2001）。

　こうした伝統的な集会は，1992年に長年閉会していた議会が再開し，2002年の政治改革で現在の近代的な議会制度が整備された現代においても，引き続きバハレーン社会において大きな存在感を有している。バハレーンでマジュリスに関する新聞『マジャーリス』（Majālis：マジュリスの複数形）を発行しているアフマド・アブドゥルアジーズ・カフターン（Aḥmad ʿAbd al-ʿAzīz Qaḥṭān）は，毎日マジュリスを開催している家は65軒，毎週開催している家は203軒あると指摘している[10]。バハレーン人の人口が約65万人でそのうち男性を5割，20歳以下の若者を3割とすると，およそ850人に1人がマジュリスを開催していることになる。マジュリスがバハレーン人にとっていかに身近なものかがわかるだろう。

　バハレーンのマジュリスが他の地域のマジュリスと異なるのは，①毎日あるいは毎週など定期的に開催される，②誰であっても参加できる，という特徴があることである[11]。定期的に開催することで，主催者が恣意的に参加者を選別することを避け，意見を異にする者でもマジュリスの場に受け入れる，ということが原則となっている。マジュリスの開催は，祖父，父など祖先から継承し基本的にはその地域社会における有力者が自宅で主催するものであ

写真3-1　マジュリスの様子

（出所）村上（2015, 2）。

る。そのため，地域社会の構成員は，いつ，誰が，どこでマジュリスを開いているのかを慣習的に知っている。上述のように，マジュリスは定期的に開催されるものであることから，マジュリスへの参加に招待は必要なく，誰もが自由に出入りすることができる（写真3-1）。

2．統治体制にとってのマジュリスの役割

マジュリスの基本的な機能は，政策決定者と社会の構成員を直接つなぐことであるが，現代においてもその役割は一定程度果たしている。ハマド国王はマジュリスを開いていないが[12]，ハリーファ首相（Khalīfa bin Salmān Āl Khalīfa），サルマーン皇太子（Salmān bin Ḥamad Āl Khalīfa）といった王族，閣僚などの政府関係者，部族長などの社会的地位のある人物が，毎日あるいは毎週の決められた時間に，マジュリスを開いている。これは一般のマジュリス同様，誰であっても参加が可能なものである。また，王族のメンバーが一般国民のマジュリスに参加することもあり，相互交流も存在する[13]。国王や皇太子によるラマダーン期間中のマジュリス往訪についてはメディアでも報じられており，そこで政治的なメッセージが発出されたり，地域社会の問題

の聴取，関係の強化が図られたりすることもある[14]。

　マジュリスで議論される事項は多種多様であり，サッカーなど雑談の延長のようなものが話題になることもある。しかし，政治や経済などの問題について議論されることも多く，そのマジュリスで何が議論されたか，どのような発言が出たのか，誰が参加したのかはメディアで報じられる。とくに『マジャーリス』紙というマジュリスの動向について専門的に扱う新聞が週刊で発行されており[15]，マジュリスでの議論は詳細に報じられている。このことからわかるように，マジュリスは内向きの非公開の集会などでは決してなく，その場自体が公共空間を形成しているということになる。なかには政府の政策に批判的な発言も出ていることから，社会問題について公的な異議申し立てをする場としても機能しているといえよう。

　また，マジュリスで議論されたことが政府に直接伝達されることもある。

図3-1　マジュリスと国民の政治参加の関係

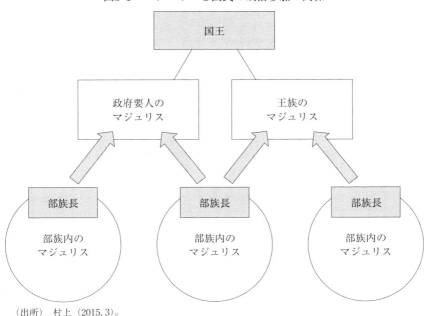

（出所）　村上（2015, 3）。

これは，王族や政府要人が開くマジュリスに一般国民が参加することで伝わる場合と，部族長などが開くマジュリスに王族や政府関係者が参加することで伝達される場合がある（図3-1参照）。王族と一般国民とのあいだに身分上の隔たりがあるわけではなく，マジュリスの場を通じて両者が交流することは日常的なことである。そして近年では，議会制度の発展とともに，議員のマジュリスにて意見具申がなされることもあれば，議員が地元のマジュリスに参加して市民の要望を聴取することもある[16]。

こうしたマジュリスを通じた国民とのコミュニケーション・チャンネルが維持されていることは，支配家系による実質的な統治が行われている君主制国家の安定性にとっては重要な意味をもつ。選挙による政権の交代が発生せず，さらにレント収入のばらまき政策も実施できないバハレーン政府にとって，国民の不満を解消するためにはその声を広く聴取するツールが必要であるし，資源の配分についても綿密な調整が求められる。マジュリスという公共空間で政府への意見を発信できること（そしてそれがメディアなどを通じて報じられること），ときにそうした場に王族が参加，あるいは王族の開催するマジュリスに国民が参加して資源配分に関する国民の要望を聴取することは，形はちがえどポリアーキーが指標とする自由化（liberalization）と包括性（inclusiveness）のふたつを満たしているといえる。

そして，議会という近代的な制度に対して，こうした伝統的な政治制度は，伝統性を統治の正統性の基盤とする君主制国家と親和性が高い。支配家系はこうした伝統を庇護する象徴となり，欧米型の民主主義や立憲君主制とは異なる統治体制を肯定的に評価するための源泉を創出している。

おわりに——マジュリスの限界と今後の見通し——

これまで示してきたように，マジュリスは，政府と国民をつなぐ非公式のチャンネルとして利用されてきた。そしてそれは，議会という公式なチャン

ネルが設立された後の現代でも残っている。また，政府批判などの異議申し立てを行うこともできる。しかしながら，マジュリスは，要望を届ける場としては機能しているものの，その要望を政府が受け入れるかどうかについてまでは関与できない。部族の影響力が強く，地方が分権化されていた時代には，地域社会の問題についてマジュリスで協議し，決定を下すということが可能であったが[17]，現代ではそれも不可能である。マジュリスは，社会的な紐帯を醸成する場としては現代でも一定の役割を果たせているといえるが，政策決定への影響力については不透明な部分が大きい。同様に，マジュリスはスンナ派，シーア派を問わずみられ，なかにはスンナ派とシーア派が混じるマジュリスもあるものの，これが社会全体において両者のあいだの亀裂を修復する機能があるかどうかは不明である。

　また，マジュリスの開催は，社会的地位を有する者に許されているものであるとともに，マジュリスの場での発言権は年長者の方が高くなる。これは，近年爆発的に増加をしている若者の要望を反映しにくい構造になっているといえる。かつては，部族長がその部族に所属する若者の意見を代表することができたものの，部族への連帯性が失われつつある現代において，若者がマジュリスを開催するような部族長を自分たちの利益代表とみなしているとは考えにくい。

　しかしながら，統治制度の一環としてのマジュリスは今後も継続していくとみられる。マジュリスを通じて疑似的に政治参加することは，国民の不満を緩和し，社会的な連帯意識が形成されることが期待できるからである。機能面の限界は先に述べたとおりであるが，マジュリスはあくまで議会を補完する制度であり，マジュリス単独で国民の政治参加を代替する手段とは考えられていない。また，『マジャーリス』紙の発行など，近年になってマジュリスの役割を再評価する動きも広まっている。部族の役割は低下しつつも，一度形成された伝統は教育などの手段によって新たな世代にも受容される可能性がある。公式な制度である議会の役割は今後も増大していくだろうが，少数派のスンナ派を主体とする体制側にとって，議会を完全に解放すること

はリスクでもある。議会に一定の制限が課されるなか，マジュリスを通じて議会政治から漏れた層とつながることができるのであれば，その有用性は現代においても積極的に評価されることになるだろう。

〔注〕—————————————

(1) たとえば，Peterson（2009）など。

(2) そのため，労働市場において国民が移民と競合関係におかれており，国家の安定性にも影響を与えている。松尾（2013）を参照。

(3) 石黒（2011, 319）。その後，1992年に諮問議会が設置され，議会は27年ぶりに再開した。

(4) 1992年には諮問評議会が開設されていたが，これは国王による任命制であり，1975年に停止された議会とは制度・役割がまったく異なるものである。

(5) 以下，「マジュリス」は伝統的な集会を意味する語として使用し，議会（マジュリス）は「議会」と表記する。

(6) 岩波イスラーム辞典のマジュリスの項目による。福田安志「マジュリス」『岩波イスラーム辞典』岩波書店，911ページ。

(7) 中東諸国において欧米型民主主義がしばしば批判の対象になるのに対し，彼ら独自の民主主義制度として，マジュリスが対抗イデオロギーとして挙げられることがしばしばある。

(8) バハレーンのほかには，クウェートにおいてもマジュリスの伝統が現在でも残っており，ディーワーニーヤ（dīwānīya）と呼ばれている。しかし，クウェートのディーワーニーヤに公的な政治空間という機能はなく，バハレーンのマジュリスのような政治的な役割はない。

(9) この事実は，政府によってもハリーファ家による統治の寛容性を示すエピソードとして積極的に利用されている。たとえば，2013年のラマダーンにおいて，バハレーン国営通信は，マジュリスの伝統と社会的な役割を論じた記事を発出し，そのなかでイーサーが毎週市民とマジュリスで会合していたことを引用している。"Ramadan Majales are a Democratic Gathering to discuss Society's Issues and strengthen National Cohesion," *Bahrain News Agency*, July 7, 2013.

(10) Qaḥṭān（2001）。なお，同書の執筆者であるカフターンに対する筆者のインタビュー（2014年12月4日）によると，ラマダーン期にはさらに60軒ほどマジュリスを開く家が増える。これらの家のマジュリスはラマダーン期のみに開かれるということもあり，政治的な集会というよりはパーティーという形式に近い傾向がある。

第3章　ふたつの「マジュリス」　65

⑾　筆者によるスンナ派部族長へのインタビュー（2014年12月3日）。また，Niethammer（2006, 8）など。

⑿　ハマドは，皇太子の頃からマジュリスを開いていなかったようである。

⒀　筆者が調査中に参与観察したマジュリスにも王族のメンバーが参加していた（2014年12月4日）。

⒁　たとえば，"HM the King underlines bolstering national unity, Islamic values," *Bahrain News Agency*, July 7, 2015; "Ramadan majlises reinforce national unity," *Gulf News*, June 23, 2015など。

⒂　マジュリスの開催頻度が高まるラマダーンの時期には日刊となる。

⒃　筆者によるスンナ派部族長へのインタビュー（2014年12月3日）。

⒄　あるシーア派の有力部族の部族長は，自分の父親のマジュリスで，地元の道路の建設のほか，地域にあった賭博場を廃止することを地元民の要望で決定したこともあったと述べている。筆者によるインタビュー（2014年12月3日）。

〔参考文献〕

＜日本語文献＞

石黒大岳　2011.「バハレーン王国」松本弘編『中東・イスラーム諸国──民主化ハンドブック──』明石書店　314-337.

高橋和夫　1993.「バフレーン人の誕生」酒井啓子編『国家・部族・アイデンティティー──アラブ社会の国民形成──』アジア経済研究所　187-208.

松尾昌樹　2013.「湾岸アラブ諸国における国民と移民──国籍に基づく分業体制と権威主義体制──」土屋一樹編『中東地域秩序の行方──「アラブの春」と中東諸国の対外政策──』アジア経済研究所　169-194.

村上拓哉　2015.「湾岸諸国の伝統的統治制度──マジュリスと行幸──」『中東分析レポート』R14-010　中東調査会.

＜英語文献＞

Beblawi, Hazem 1987. "The Rentier State in the Arab World," In *The Rentier State*, edited by Hazem Beblawi, and Giacomo Luciani, London and New York: Croom Helm, 49-62.

Herb, Michael 1999. *All in the Family: Absolutism, Revolution, and Democracy in the Middle Eastern Monarchies*, Albany: State University of New York Press.

Niethammer, Katja 2006. "Voices in Parliament, Debates in Majalis, and Banners on

Streets: Avenues of Political Participation in Bahrain," *EUI Working Paper*, RS-CAS No. 2006/27, European University Institute.

Peterson, John E. 2009. "Bahrain: Reform, Promise, and Reality," In *Political Liberalization in the Persian Gulf*, edited by Joshua Teitelbaum, New York: Columbia University Press, 157-185.

Yom, Sean L., and F. Gregory Gause III 2012. "Resilient Royals: How Arab Monarchies Hang On," *Journal of Democracy*, 23 (4) October: 74-88.

＜アラビア語文献＞

Qaḥṭān, Aḥmad ʿAbd al-ʿAzīz 2001. *al-Majālis al-Baḥrainīya* ［バハレーンのマジュリス］. n.p.

第 4 章

オマーンの統治体制の安定性における
国王による行幸の役割

村 上 拓 哉

はじめに

オマーンは1970年代までたびたび内戦を経験してきた不安定な国家であったが，カーブース（Qābūs bin Saʿīd Āl Saʿīd）が1970年に国王に即位し，1975年に南部の反乱運動の鎮圧に成功して以降は，大きな反体制運動が起きることもなく今日まで安定を享受してきた。2011年の「アラブの春」においても抗議運動こそ発生したものの，デモに参加する抗議者たちは「体制転換」ではなく「体制改革」を訴え，カーブース国王への忠誠を再三表明した[1]。

こうしたオマーンの政治的な安定性については，これまでの湾岸諸国の政治的安定性を論じる理論からは必ずしも十分に説明されていない。マイケル・ハーブが唱えた王朝君主制論では王族間での権力の分配が統治体制の安定性につながるとされたが（Herb 1999），オマーンでは王位継承権を有する王族のなかではカーブースが単独で権力を独占しており，これに当てはまらない。「アラブの春」における君主制国家の安定性を論じた Yom and Gause III（2012）は，国内の横断的な連携，レント収入，外国の支援が体制の維持につながる要因であると指摘したが，ここで疑問なのは，どのようにして国内の横断的な連携を構築できたのかということである。すなわち，国内の横断的な連携が構築されているということは，政府が反体制勢力の取り込み，

あるいは社会的亀裂の修復に成功してきたということである。反体制勢力の取り込みや社会的亀裂の修復の仕組みについて分析した Lust-Okar（2005）は，分断統治と競合構造を説明要因としたが，政治の権限が国王の一手に集中しているオマーンでは，このような競合は発生していない。また，カーブース国王は，リンチピン君主制論（Lucas 2004）が主張するような，実際の政治から「一歩引いた」君主ではなく，行政権・立法権を主体的に行使する指導者である。カーブース国王は1971年以降，自ら首相を兼任しているばかりか，1980年代に任命された副首相は任命以来一度も交代しておらず，政府への不満を押し付けるための外部装置は存在してこなかった。

　カーブース国王による統治モデルは，近代化を進める改革者としての統治者に近い。Hudson（1977）は，部族や宗教に正統性をもつ君主制の国家にとって近代化運動が最も脅威になるとし，君主制を永らえさせるには，君主自らが改革者となり，運動をコントロールすることが重要であるとした。カーブースの「国家近代化の父」という表象は，前のサイード国王が進めていた緊縮財政と鎖国政策の反動も相まって，広く国民に受け入れられているイメージである。石油開発が本格化したのもカーブースの時代のことであり，石油資源の分配とインフラ整備を通じて，国家の近代化とともに，国家統合を進めていったのである。

　ここで重要なのは，このような改革者のイメージがどのように広まっていったのか，そして改革の成果である資源がどのように国民に配分されたのかである。資源の配分方法については，国民の代表機関である議会の設置，すなわち民主化がひとつの解答だろう。オマーンでは1981年に国家諮問議会が設立されたのを契機に，議会制度が整えられてきた（大川 2011）。しかしながら，本章では，議会制度の発足以前から存在し，そして現在も継続して一定の役割を担い続けている伝統的な政治的安定装置に着目する。議会とそれに伴う選挙は，国民の政治参加や政治決定の公正性を担保するための重要な装置であるが，唯一絶対の手段ではない。仮に民主化の達成度と統治体制の安定性が相関関係にあるのであれば，議会以外の政治的安定装置も分析の対

象とするべきだろう。これは，議会が存在しない，あるいは議会の権限が弱いからといって，統治者が国民や社会から遊離した存在となっているとは限らないことを示す材料となるからである。

　本章では，支配者である国王の改革者としてのイメージを地方に浸透させ，さらに資源の配分の調整という役割を担ってきた伝統的な政治的安定装置である国王による行幸に注目する。行幸とは，語義としては君主が外出をすることを指す語であるが[2]，その政治的な目的としては指導者が視察から知見を得ること以上に，指導者が視察にきていることを国民に「見せる」ことが重要となる。原はこれを＜視覚的支配＞と呼び，「想像の共同体」である国民が国民であることを実感するためには，具体的に君主を「見る」ことが重要であると指摘した（原 2011, 5-12）。こうした行幸による統治は，オマーンではカーブース国王によって整備され，今日まで実施されてきた。興味深いことに，この伝統的な政治的安定装置は，議会に代表される近代的な政治制度が成立した現在でも存続している。それは行幸がオマーンの統治体制の安定性において重要な役割を担っているからではないだろうか。本章ではオマーンの行幸の特徴を明らかにするとともに，そのオマーン政治における役割を明らかにすることをめざす。

第1節　オマーンの社会的亀裂と部族勢力の取り込み

1．社会的亀裂と部族

　オマーンの社会的亀裂は，歴史的に対立を繰り返してきた沿岸部（マスカットからバーティナ地方を含むハジャル山脈の北側）と内陸部（ニズワーを中心とするハジャル山脈の南側），そして沿岸部と内陸部を合わせた北部に対し，オマーンの一部に組み込まれて日の浅い南部（サラーラを中心とするドファール地方）にあると，しばしば指摘される。

現在の「オマーン人」の祖先であるアラブ人が流入してきたのは2世紀初頭のことであるが，このアラブ系移民は，一般に南イエメン系のカフターン（アズド）族とアラビア半島中央部のアドナーン（ニザーリー）族の二派に分かれているとされている[3]。こうした帰属意識に沿ってヒナーイー族，ガーフィリー族による部族連合が形成され，沿岸部と内陸部の対立などを招いてきた。オマーンでは信徒を統治するイマームを合議によって選出するイバード派のイスラームが広まり，ジュランダー朝（8世紀〜）やナブハーン朝（1154〜1406年），ヤアーリブ朝（1624〜1737年）など，時の王朝の施政者はイマームと呼ばれた。イマームは宗教的な権力に加えて世俗的な権力ももつことになったが，これは絶対的な統治者というよりも，部族間の紛争の調停者という役割が強かった（Al-Khalili 2009, 8-9）。すなわち，オマーン社会においては軍事的な力をもつ部族こそが実質的な政治単位であり，施政者は部族からの承認を得られなければイマームにつくこともできなかった。

　現在まで続くブーサイード朝は，沿岸部の支配者であったアフマド・ビン・サイード・ブーサイーディー（Aḥmad bin Saʿīd al-Būsaʿīdī）がイマームに選出されることによって成立した。しかし，ブーサイード王朝の支配者は19世紀後半からスルターンを名乗るようになり，世俗的な支配者とイマーム位は分離する。そして，イマーム位が内陸部のサーリム・ビン・ラーシド・ハルーシー（Sālim bin Rāshid al-Kharūṣī）に移ると，ヒナーイー族やナブハーニー族といった内陸部の部族勢力がイマームのもとで結集し，「オマーン・イマーム国」（Imamate of Oman）として沿岸部のブーサイード家による「マスカットおよびオマーン・スルターン国」（Sultanate of Muscat and Oman）と衝突するようになった。そして，1920年にはスルターン国とイマーム国とのあいだでシーブ協定が結ばれ，スルターン国は内陸部におけるイマーム国の自治を認めることになる。1950年代にスルターン国はイギリスの軍事支援を受けてイマーム国の打倒に成功し，内陸部における支配を確立することになるが，当時イマームだったガーリブ・ビン・アリー・ヒナーイー（Ghālib bin ʿAlī al-Hināʾī）はサウジアラビアに亡命してイマーム国の復権をねらうなど，

不安定化の種は残されたままとなった。

　沿岸部／内陸部の社会的亀裂がこうした対立の歴史であるのに対し，北部／南部の社会的亀裂は，歴史的な関係性が乏しいことによるナショナル・アイデンティティの希薄さにある。ドファール地方の中心都市であるサラーラと，沿岸部のマスカット，内陸部のニズワーとの距離は，それぞれ1000キロメートル，750キロメートルと離れており，両地域のあいだには人口が極めて少ない荒地が広がっている。ドファールの住民の大半はスンナ派であり，イバード派の指導者であるイマームの統治はここまで及んでいなかった（Valeri 2009, 21）。また，山岳部の部族はマフリー語やシャフリー語といった南アラビア語話者が多く，イエメンの部族とも縁戚関係にあるなど，北部オマーンとは大きく異なる文化圏にあった。ドファール地方が北部のオマーン政府の統治下に組み込まれたのは19世紀前半のサイード・ビン・スルターン（Saʿīd bin Sulṭān）の時代であるが，20世紀になっても政府による実質的な支配はサラーラを中心とする沿岸部に限られていた。こうしたなか，1960年代に南イエメンから共産主義の影響を受けたドファールの部族勢力が政府に対して反乱を起こし，南部は内戦状態に陥った。

　２．部族勢力の取り込み

　カーブースがイギリスの支援を受けて宮廷クーデターを起こし，国王に即位した1970年は，このように国内に深刻な分裂を抱えた状況下にあった。内陸部のイマーム勢力は軍事的に打倒したものの，周辺アラブ諸国はイマーム国にオマーンの主権を認めており，復権をめざすイマームへの支援が継続されていた。南部のドファールでは内戦が続いていた。カーブースは，国際的には独立国として国家承認を求め，国内的にはこうした社会的亀裂を修復し，安定を取り戻すことをめざした。

　カーブースの治世下でまず行われたのは，国名の変更である。これまでは「マスカットおよびオマーン・スルターン国」（Sultanate of Muscat and Oman）

とマスカット（沿岸部）とオマーン（内陸部）を別地域とみなす国名であったが，これを「オマーン・スルターン国」（Sultanate of Oman）と変更した。これは，沿岸部と内陸部の統一を促進するための象徴であった。さらに，カーブースは内陸部や南部で反乱運動に参加した人物に恩赦を発出し，政府中枢の要職に採用することで，彼らを取り込むことにも腐心した[4]。ラッワース（'Abd al-'Azīz bin Muḥammad al-Rawās）文化担当国王顧問（元情報相），ユースフ・ビン・アラウィー（Yūsuf bin 'Alawī）外務担当相は，南部のドファール反乱運動の主要人物であり，内陸部の大部族で最後のイマーム，ガーリブ・ビン・アリーを輩出したヒナーイー族からは，部族長のムハンマド・ビン・アブドゥッラー（Muḥammad bin 'Abd Allāh al-Hinā'ī）を司法相に任命した。また，ガーリブを含むイマームの家族の帰国も許可しており，ガーリブ本人はその後の生涯をサウジアラビアで過ごしたものの，一族は帰国後に宮内省経済担当顧問や国家議会議員（教育委員会委員長）に任命されている。

　こうした内陸部・南部の反乱勢力の指導層の取り込みは，前のサイード国王が排他的で閉鎖的な政治を行っていたこともあり，政策として歓迎され，体制の安定にも大きく寄与した。しかし，指導層を中央政府に取り込むだけでは，統治の安定性を維持することはできない。国民が国王への忠誠心をもたず，部族長のみに忠誠を誓うのであれば，部族長は部族社会の代表として大きな力を持ち続けることになり，これまでの歴史同様に中央政府に対抗することができるからである。そのため，カーブースは，国家を近代化するにあたり，部族間の調整者というこれまでの指導者像から抜け出し，国家全体の統治者として君臨することをめざした。部族長に対しては中央にとどめて地方社会と切り離すことで影響力を減退させるとともに，利権の配分によって親政府勢力として取り込んでいく。そして，地方の国民に対しては，こうした部族長を通じて地方に利権の配分をし，地方国民の要望に応えているのは国王であるという認識を植え付けようとする。すなわち，国王による行幸とは，レント配分の政治的側面を可視化することで政治的な支持を得ようとするためのツールである。

第2節 カーブースによる行幸

1. オマーンにおける行幸制度の歴史

　行幸は，オマーンに限らず君主制国家に広くみられる政治制度であり，君主の威光を地方に広め，国民統合を進めるために行われる。たとえば，日本においても明治初期から天皇による行幸が繰り返されたが，これは「『臣民』の間に天皇や皇室の存在を認識させ，忠誠心を培養するための重要な政治手段と見なされていた」とみられている（原 2011, 367）。行幸という手段が謁見と異なるのは，君主が国民のもとに出向くという点であり，そこには宮殿で待ち構える受動的な存在ではなく，国民の声に積極的に耳を傾ける君主というイメージを促進する効果が期待できよう。

　オマーンで行幸は「ジャウラ」（単：jawla，複：jawlāt）と呼ばれているが，英語の「ミート・ザ・ピープル・ツアー」（Meet the People Tour）という呼び名も広く浸透している。行幸という制度自体は，正統カリフ時代に遡るといわれており，ウマルによるマディーナ（マヌーラ）訪問がその起源として引かれている（al-Khamīsī 2010, 34）。これは，指導者が地方に赴き，現地の部族と対話し，問題の解決を図るという行為が，ムスリムにとっては伝統的に正当なものとみなされることを意味する。こうして，行幸はオマーンにおける歴代王朝，そして，カーブース以前のブーサイード朝の君主たちによっても模倣され，実施されてきた（al-Khamīsī 2010, 35-39; al- Hāshimī 2006, 81）。

2. 行幸制度の発展

　カーブースは，この行幸を制度化し，政治的により重要な役割を付与させた。第1節で指摘したように，1970年当時のオマーンは，内陸部や南部において反乱が相次ぎ，国家の安定のために地方の部族を中央に取り込む必要に

74

迫られていた。そのため，以前の国王の統治下でも散発的に行われていた行幸を，毎年行う重要行事として実施し始めたのが，即位して間もない1971年2月のことである。最初の行幸は，2日間で行われ，バーティナ地方，ザーヒラ地方をそれぞれ訪問した。1971年の行幸では訪問先で何を行ったのか資料からは明らかではないが，1972年のダーヒリーヤ地方の訪問ではビドビド，イズキー，ニズワーの各州において部族長とそれぞれ州の問題について会談したことが記録に残っている。1973年にバーティナ地方を訪問した行幸では，火災により焼失したソハールの市場に対し，1万5000リヤール（約4万ドル）の寄付を行うとともに，商業施設の再建を確約している。以後，1970年代前半の行幸は，期間は1日，2日と短く，訪問先はバーティナ，ダーヒリーヤ地方を交互に訪問するという形式をとった。随行員の顔ぶれや数についてもはっきりとしたことはわかっていないが，今日の行幸とは形式が大きく異なるといえよう。しかし，当時から変わらぬ重要な点として，行幸では地方の部族長と会談し，地方の問題について協議するということが指摘できる。こうした政治協議の場としての行幸という特徴は，これ以後も継続していく。

　行幸の期間は年々長くなっていき，1990年代初頭には年に1回，地方を約1カ月間訪問するという形式が定着する。大臣や顧問などの同行者も増加し，政治イベントとしてもより大きなものとなっていった。こうした行幸の時期や訪問先，期間に関しては，毎年，国王が決めている[5]。移動方法は車両であり，国王がその地方に到着する日には，国旗をもった市民によって出迎えられるのが通例である。地方滞在時には，部族長，諮問議会議員，地方議会議員など地元の有力者たちとそれぞれ会合し，その地方の問題や要望を聴取している。また，報道でしばしば写真が公開される国王以下随行員と地元の有力者が一堂に会する協議は公式協議（jalasa rasmīya）と呼ばれるものであり，行幸中に一度は必ず開かれる会合である。行幸中，国王および随行員はテントで寝泊まりをしており，公式協議以外の個別の会談はテントで実施される。日によってばらつきはあるものの，1日に15〜20人くらいの人物と会談をする[6]。

第4章　オマーンの統治体制の安定性における国王による行幸の役割　75

　行幸における会談は，儀礼的な謁見の場だけではなく，具体的な政治問題についても協議する場にもなっている。会談で地元の部族長が国王に陳情を行った場合，国王は会談に同席している政府関係者に対して問題解決のために必要な措置をとるようその場で指示を出す。たとえば，1992年に国王がダーヒリーヤ地方に行幸した際には，谷間になっているため雨が降った際に水害が発生しやすかったニズワーやマナフの問題を受けて，農・漁業相に指示を出して解決策を講じるよう指令を出し，その数日後の現地の部族長との会談において上流のジャバル・アフダル（緑の山）にダムを建設し，同地で農業を拡大する計画を実施することを宣言した（al-Khamīsī 2010, 204）。このように，地方の開発計画といった重要な政策が行幸の場で決定されることもあった。

　また，行幸における地元有力者との会談は制度的に管理されている側面もある。行幸中に誰に会うか，どれくらいの時間会うかは国王自身が決めているが，時間の制約上，すべての人が国王と面会できるわけではない。面会がかなわなかった者は国王宛に手紙を書くことができ，宮内相がそれを預かることになっている[7]。また，会談において要望を出したものの，すぐに解決が図れず検討を要する問題の場合は，閣議や専門評議会，あるいは議会にて適切な判断を下すよう指示を出すこともある。

3．オマーンの統治体制における行幸の役割

　国王の行幸は，新聞各紙で一面から複数ページにわたって報じられる一大政治イベントである。とくに，カーブース自身はメディアの前で頻繁に演説するようなことは好まず，議会の開会や海外から要人が訪問したとき以外，めったに表に出てこない。そのため，行幸は，国民が国王を直接目にすることができる数少ない機会のひとつでもある。行幸により国王が各地方を訪問する際には事前の通報があり，学生のように一部は出迎えのために動員される者もいるが，その多くは国王を一目見ようと自発的に集まってくる者であ

る[8]。カーブースは閣僚を同行させているものの，閣僚ではない他の王族が行幸に参加することはなく[9]，国民による熱狂的な支持を一身に受けることになる。カーブースが一般市民に直接話しかけることもあり，それは「国王から話しかけられた」エピソードとして周囲に語られるとともに，国王のカリスマ性を高めることにも寄与している。

このように，国王が地方に姿を現すことは，地方の住民にとって，統治者の姿を自らの目で確認できる機会となる。これは，かつて彼らが国家の指導者を見ることは生涯なかったことと比べると，ナショナル・アイデンティティの形成に大きな影響を与えていよう。1970年当時のオマーンでは国営のテレビ放送や政府系の新聞の発行もなく，地方の住民にとって国王の存在を意識する機会がほとんどなかった（Valeri 2009, 124-127）。カーブースは自らをオマーンにおける近代化である「ルネッサンス」（nahḍa）を体現する表象として位置づけたが，その表象を広めるために行幸という手段は最も強い効果を生んだだろう。

また，国王が地方を訪問し，道路の建設や電気・水道の整備などその地方の問題を解決するという行為は，彼らにとって，誰が指導者なのかを意識させることにも有用だろう。それまでは，自らの目で視認可能だったのは部族の長であり，彼らが自分たちの代表として，国家指導者と交渉してきた。そのため，交渉の結果，地方に利益がもたらされても，それは部族長に対する忠誠を強化することにはなっても，その上部の指導者に対する忠誠にまで結び付かなかった。ところが，部族長などを介して交渉が行われるにしても，国王が地方に現れて直接政治を行うところを見せることは，部族長の上位の存在を意識づけることになる。

また，行幸中，国王や随行員がテントに寝泊まりしているという点も興味深い事実である。なぜならば，アラブ系オマーン人の多くは約2000年前にオマーンの地に移住してからは定住民として生活しており，遊牧民のようなテント生活をする文化が現在の国民意識に根づいているわけではないからである。毎年行われる行幸という制度，そしてテントに寝泊まりするという慣習

は，一見，非常に伝統的な装いであるが，いずれもカーブース以前にはみられなかったものである。テントの設置箇所については全国の各地域に定位置となる空間が確保されているが，たとえばダーヒリーヤ地方に確保されているサイフ・シャーミハートは周辺が荒野であり，国王滞在時以外は何も残されていない。こうしたテントによる移動は各地に宮殿を建設する必要がないという実利的な側面もあるが，国王，そして随行員である閣僚ともどもが簡素な生活を送っている様子を国民の目にふれさせ，イメージを向上させるという効果もあろう。したがって，行幸は国王の威厳を示すための装置というより，身近な存在としての国王像を示すとともに，統治の正統性と疑似的な伝統性を創出することをめざして作り上げられた制度であると指摘できる。

おわりに——行幸制度の限界と今後の見通し——

　体制の正統性の源泉として行幸に依拠する統治制度は，国民の政治参加や異議申し立てを保証するものであり，その形式も実際には疑似的なものでありながら社会の伝統に沿うものと認識され，国民から支持されてきた。しかし，このような伝統的な統治制度が機能するには，その制度を動かす場である社会もまた伝統的なものであるということを前提にしている（村上 2015, 5-6）。オマーンでの行幸の特徴は国王と地元の有力者とのあいだで政治的な会談が行われるところにある。この政治会談の相手として部族長が選ばれるのは，部族長が地元の有力者としてその構成員の利益を代表する主体としてみなされているからである。すなわち，部族社会が国内に形成されていることが，オマーンにおける行幸にとって重要なのである。

　ところが，昨今のオマーン人の社会構造は大きく変化してきており，1993年の15歳から29歳の年齢層の人口は36万6500人で，全体に占める割合は24.7％であったが，2010年にはこれが69万621人と35.2％まで増加している[10]。レンティア国家であるオマーンにとって人口が増加することは，1人当たりに

配分される利益が減少することを意味する。これまでは行幸において約束される開発計画などを通じて各地方に富の分配が行われていたものの，若者はこうした恩恵にあずかる機会が前の世代より減少している。さらに，こうした問題を抱えながらも，若年層は部族内において相対的に立場が低く，意見が反映されにくい。交通網の発達とともに若者は都市部で働くようになり，出身部族との関係性も希薄になりつつある。こうした若者世代が急増することは，部族長を地域社会の利益代表とし，君主や政府関係者に不満や要望を伝えるというこれまでの手法では政治参加しているという意識が生まれず，政治への不満が行き場を失って水面下で拡大していくことになろう。

　その不満が一挙に表面化したのが，2011年の「アラブの春」における若者中心の抗議活動であった。ソハールやサラーラ，スール，ニズワーといった地方の主要都市において路上でのデモ活動を行った者たちは，自分たちの不満や要望がカーブース国王に届いていないと声を上げたのである。政府は抗議者の要望を聴取すべく閣僚を派遣したものの，同時にこれまで親密な関係を築いてきた部族長を抗議者のもとに送り込んでデモの中止の説得を試みたが，これは拒絶された。デモに参加した若者にとって，部族長は政府から金銭的な支援を受けている政府側の人間であり，信用に値しないとされたのである[11]。こうした抗議者の態度は，部族長を自身の代表者とみなす意識の欠如を示しており，行幸が大きな政治効果を生むための前提条件が崩壊していることを意味する。他方，これは当初期待した国王を頂点とする忠誠心の培養という点では成功したととらえることもできる。各地の若者の不満の表明先が部族長ではなく国王／中央政府だったことは，国民の帰属意識が部族ではなく国家に傾いている証左であろう。行幸は，部族社会を前提にする制度でありながら，部族社会の弱体化を促進する側面も有していたことは見逃せない。

　強固な部族社会の存在が行幸という非公式の制度を生んだのであれば，社会が変容した今，それに合わせて新たな政治的安定装置を作り出すことが求められよう。冒頭に言及したように，近代国家においては議会制度がこれに

代替するものであり，議会の設置とともに行幸の政治的役割は失われると一般的には考えられる。しかし，政治的安定装置としての行幸は完全にその役割を終えたわけではない。なぜならば，新たな社会勢力である若者の取り込みはできていないものの，伝統的な社会勢力である部族長の取り込みには依然として機能しているからである。また，行幸は明文規定のない非公式な制度であることから，統治者にとって恣意的に運用しやすい都合のよいツールであるという点も指摘できる。

　もっとも，行幸がカーブース国王個人のカリスマ性に過度に依拠する制度であったことは否めない。病気により公の場に出てくることがほとんどない今，カーブースはもちろんのこと，他の王族による行幸が行われる可能性は皆無であろう。また，将来国王の交代が発生し，新たな国王が即位したとしても，国家近代化の父であるカーブース同様の支持を集めることは困難であり，行幸の政治的効果がどれほど見込めるかは疑問である。行幸の恣意性についても過度に恣意的な運用がなされると，体制批判にもつながりかねず，「アラブの春」の再来となろう。新たな国王が誕生した際に，行幸が再度行われる可能性は十分にあるが，今後は公式な制度である議会の役割が増大していくことになるだろう。

〔注〕————————————

(1)　「アラブの春」時におけるオマーンでの抗議活動については，村上（2012）を参照。こうした忠誠表明は，国王支持デモに限らず，政府に対する抗議活動においてもみられた。

(2)　2カ所以上を訪問する場合は巡幸と呼ばれるが，本章では便宜上，行幸の表現で統一する。なお，日本では君主である天皇のほか，皇后や皇太子が各地を訪問する場合は行啓，巡啓と呼ばれるが，オマーンでは君主である国王しか地方訪問を行わないため，これらを総称した行幸啓という表現は用いない。

(3)　松尾はカフターンとアドナーンの区分は「明らかな虚構・伝説ではあるが，系譜集団間の関係を説明するために一定の役割を果たしてきた」としている（松尾 2013, 53）。

(4)　中央政府による反乱勢力・部族の取り込みについては，Valeri（2009, 149-

181）を参照。また，石川（2001, 13-22）も詳しい。

⑸　筆者によるアリー前宮内相へのインタビュー（2014年11月30日）。

⑹　同上。

⑺　同上。

⑻　複数のオマーン人の証言に基づく。

⑼　アリー前宮内相への筆者によるインタビュー（2014年11月30日）。

⑽　1993年および2010年に，オマーン統計情報局により実施された国勢調査に基づく。*al-Tarkīb al-'Umrī li-l-'Umānīn*, al-Markaz al-Waṭanī li-l-Iḥṣā' wa al-Ma 'lūmāt, 2012.

⑾　筆者による抗議活動参加者へのインタビュー（インタビュイーの特定を避けるため，日付などは非公開）。

〔参考文献〕

＜日本語文献＞

石川勝利 2001.「オマーンの主要部族及び部族政策の現状」『外務省調査月報』
　　　2001/1　6月　1-41.

大川真由子 2011.「オマーン・スルターン国」松本弘編『中東・イスラーム諸国
　　　民主化ハンドブック』明石書店　354-375.

原武史 2011.『可視化された帝国――近代日本の行幸啓――』[増補版] みすず書
　　　房.

松尾昌樹 2013.『オマーンの国史の誕生――オマーン人と英植民地官僚によるオマ
　　　ーン史表象――』御茶の水書房.

村上拓哉 2012.「2011年オマーンにおける抗議活動の展開と収束」『中東研究』3
　　　（513）　2月　94-104.

―――　2015.「湾岸諸国の伝統的統治制度――マジュリスと行幸――」『中東分析
　　　レポート』R14-010　中東調査会.

＜英語文献＞

Herb, Michael 1999. *All in the Family: Absolutism, Revolution, and Democracy in the Middle Eastern Monarchies*, Albany: State University of New York Press.

Hudson, Michael C. 1977. *Arab Politics: The Search for Legitimacy*, New Haven: Yale University Press.

Al-Khalili, Majid 2009. *Oman's Foreign Policy: Foundation and Practice* London: Praeger.

Lucas, Russell E. 2004. "Monarchical Authoritarianism: Survival and Political Liberalization in a Middle Eastern Regime Type." *International Journal of Middle East Studies*, 36 (1) February: 103-119.

Lust-Okar, Ellen 2005. *Structuring Conflict in the Arab World: Incumbents, Opponents, and Institutions*, Cambridge: Cambridge University Press.

Valeri, Marc 2009. *Oman: Politics and Society in the Qaboos State*, London: C. Hurst.

Yom, Sean L., and F. Gregory Gause III 2012. "Resilient Royals: How Arab Monarchies Hang On," *Journal of Democracy*, 23 (4) October: 74-88.

＜アラビア語文献＞

al-Hāshimī, Saʿīd bin Muḥammad 2006. "Jawlāt Jilāla al-Sulṭān Qābūs al-Dākhiliyya wa Athar-hā al-Iqtiṣādī wa al-Ijtimāʿī," ［カーブース国王の国内行幸と経済的・社会的影響］ *Majalla al- Taʾrīkh al-ʿArabī* ［アラブ史］, 36: 71-104.

al-Khamīsī, Muḥammad bin Wanī bin Baṭṭī 2010. "al-Jawlāt al-Dākhiliyya li-l-Sulṭān Qābūs bin Saʿīd Abʾad-hā al-Siyāsiyya wa al-Iqtiṣādiyya wa al-Ijtimāʿiyya: 1971-2000," ［カーブース・ビン・サーイド国王による国内行幸の政治的・経済的・社会的側面　1971-2000年］ *al-Risāla al-Mukmila li-Mutaṭallibāt Daraja al-Mājistīr* ［修士学位請求論文］, Qism al-Taʾrīkh Kulliyya al-Ādāb wa al-ʿUlūm al-Ijtimāʿiyya Jāmiʿa al-Sulṭān Qābūs ［スルターン・カーブース大学文・社会学部歴史学科］.

第 5 章

君主体制と建国記念日
——UAE における政治的正統性と忠誠の検討——

堀 拔 功 二

はじめに

　アラブ首長国連邦（United Arab Emirates: 以下，UAE）は湾岸君主国の一角をなしており，アラブ世界第 2 位の経済力を誇る経済大国でもある。豊富な石油資源の存在に加え，これまでにドバイを中心に金融や投資，貿易，観光など経済部門の多様化に成功してきた。2011年の中東政変「アラブの春」において，UAE の政情は一般的な評価として隣国のカタルと並び，中東諸国のなかで極めて安定していた国であると認識されている（Ulrichsen 2012）。いくつかの問題はあったものの，「アラブの春は UAE にいかなる犠牲も出さなかった」とさえ指摘されている（Forstenlechner, Rutledge, and Alnuaimi 2012, 56）。

　しかしながら，筆者の評価は異なる。実際には国民から政治改革要求の建白書が出されており，また体制側の対応も伝統的な手法であるレント分配に加え，改革派やムスリム同胞団関係者などの徹底的な取り締まりを行うなど，政治・社会上の大きな動きがみられたからである（堀拔 2012a; 2012b）。これらの政治的な動きは，UAE では珍しい改革運動であり，また今後の同国における君主体制と部族，政治と国民などの関係を考えていくうえで，極めて重要かつ興味深いテーマを提供してくれる。筆者はこの建白書問題とそれに

続くムスリム同胞団系組織の摘発という一連の出来事は，UAE政治史のなかでも大きな転機として位置づけることができると考えている（堀拔 2013）。すなわち，一部の国民であれ，政治的要求を公に表明したことは極めてまれであるからだ。またこのような政治改革派の主流が，経済的に充足した中間層以上の人びとであり，社会的地位のある公務員や教員，知識人層が多く含まれていたという事実も，いわゆる「レンティア国家論」のような資源配分による政治の安定という通説では理解することができないのである（Horinuki 2013）。

　ただし，チュニジアやエジプトなど他の中東諸国とは異なり，このような改革要求は国民一般から広範な支持を得ることができなかったことにも注意しなければならない。無論，それは後述するように体制側からの圧力によるところも大きいが，同時に「アラブの春」によって中東地域が不安定化するなかで，国民は改革による変動よりも「安定」を選択したともいえる。UAEではこれ以降，国内治安体制が強化されていき，とくにインターネットやSNS上での言論の取り締まりが厳しくなったが，改革派の関係者を除いては目立った反発は起きなかった。また，2011年がちょうどUAE建国40周年を迎える節目でもあったことから，UAE社会のムードが次第に愛国主義的なものになっていた。メディアでは愛国主義をあおるような言説が目立ち始め，また国民のあいだからも国家や為政者に対して積極的に支持や忠誠を表明する現象がみられた。そして，毎年12月2日に迎える建国記念日（the National Day / al-Yaum al-Waṭanī）[1]が，体制と国民の双方にとって相互関係を確認する場となったのである。この時期，UAEはリビア，シリア，そして2015年にはイエメンの紛争へ軍事介入を行ったことも，国内社会の愛国主義的な雰囲気を刺激した。

　それでは，UAEでは「アラブの春」を境に，体制と国民の相互関係がどのように変容し，両者のあいだで支配と支持をめぐりいかなる動きが起きているのであろうか。本章では，両者の関係性を確認する機会として，建国記念日に合わせて行われる一連の公式／非公式行事と，その際に国民側から表

明される忠誠や支持，およびそれらの現象や表象に着目しながら分析を行う[2]。

第1節　UAE における国家・体制・国民の現在

1. 君主体制の正統性と国民の支持をめぐる疑問

　湾岸君主体制の安定性をめぐっては，「アラブの春」後に多くの論考が発表されている。その多くはチュニジアやエジプトなど，これまで頑健であるとされてきた権威主義体制が倒れ，君主体制の国々がなぜ生き延びたのかという問いに始まる。

　従来，湾岸君主体制の正統性と安定の源泉は資源の配分であると説明されてきた。たとえば池内は，湾岸君主体制が「アラブの春」を乗り切った理由を「石油の富と，域外大国の支持という，従来からの湾岸産油国が持つ資源を縦横に用いて，アラブ諸国の君主制諸国は『アラブの春』の衝撃を当面は凌いだようである」と説明した（池内 2013, 45）。実際，「アラブの春」に際して湾岸君主体制は社会保障の拡充や雇用問題の解消，住宅建設を含む大型公共事業などを矢継ぎ早に実施し，国民の社会経済的な不満が政治化することを防ぐことにある程度は成功したといえよう（堀抜 2012b）。ただし，今日になって振り返ってみると，2011年の「アラブの春」に前後して原油価格が高水準で推移していた点は，湾岸君主体制にとっても大きな財政的な後ろ盾になったといえる。

　メナルドは，歴史的にも，そして「アラブの春」に際しても，中東・北アフリカ諸国の君主体制は政治的紛争の経験が少ないことを明らかにした。また君主制の政治文化が法の支配を促進し，エリートらの財産権を保護し，経済成長を育んでおり，それが正統性を構築しエリートからの支持を集める要因であることを示した（Menaldo 2012）。浜中も計量的手法を用いて中東君主

体制の頑健性を示し，「アラブの春」によって体制が転換した（転換しなかった）違いについて，君主制の正統性原理と（国民の）受容態度に違いがあるのではないかと指摘した（浜中 2014, 67）。

デイヴィッドソンは，湾岸諸国における国内外の不安定要因の分析を行うなかで，君主体制崩壊のシナリオを提示した（Davidson 2012）。このシナリオそのものは明らかに結論を急ぎすぎているが，分析で取り上げる体制の不安定化要因については注意を払わなければならない。とくに，君主体制が配分機能を低下させているという指摘は，「アラブの春」から３年後に油価の低迷が始まったことを考えるとより深刻な問題となったことがわかる（Davidson 2012, 50）。体制側の配分機能の問題とは別に，国民のあいだで資源配分に対するある種の「耐性」のようなものが出現しつつあることにも気をつけなければならない。実際，筆者が別稿で論じるように，UAE で2011年に起きた「建白書事件」の中心は十分な教育を受けて経済的にも充足した中間層の知識人であり，要求の中心は個人的な困窮によるものではないことは明らかである（堀抜 2012a; Horinuki 2013）。このように，「アラブの春」に前後して君主体制と国民の関係は大きく変化しており，もはや「資源配分によって慰撫される国民」の存在を無批判に議論の前提とすることはできないのである。

２．UAE の政治社会における首長家と国民の関係

それでは，UAE の政治や社会のなかで，君主体制はどのように位置づけられているのであろうか。また国民は君主体制の正統性をどのように受容しているのであろうか。UAE の近代化の過程に沿ってみていきたい。

1971年に独立した UAE は，多くの近代国民国家が通った道をなぞるように，行政制度の整備や教育（国語・国史・社会科教育）などを通じてネイション・ビルディングを行い，民衆の国家への帰属や国民としての意識を高めていった[3]。建国の中心となったザーイド・ビン・スルターン・アール・ナヒ

ヤーン大統領（Zāyid bin Sulṭān Āl Nahyān：以下，シャイフ・ザーイド）は，連邦国家形成の過程において自らを「大部族長」であり，「父親」とする国家の指導像を国民に明示していった。さらに，手厚い社会福祉を提供することによって，伝統的に部族内でみられる首長と構成員の庇護＝忠誠関係から，国民を庇護されるべき「一族・子どもたち」という関係に組み替えていったのである（堀拔 2009, 90）。また教育の現場では，歴史教育や国民教育の教科書において，シャイフ・ザーイドと UAE の建国についての知識伝達が行われており，愛国心や国家・体制への忠誠を育む工夫がなされている。

　シャイフ・ザーイドは2004年に死去したあとも，「建国の父」や「名君」として国民のあいだで尊敬されており，現体制下においても国民統合のシンボルとなるなど，政治資源として機能している（Luomi 2012）。シャイフ・ザーイドに加え，アブダビ首長のハリーファ・ビン・ザーイド・アール・ナヒヤーン UAE 大統領（Khalīfa bin Zāyid Āl Nahyān），ドバイ首長のムハンマド・ビン・ラーシド・アール・マクトゥーム UAE 副大統領兼首相（Muḥammad bin Rāshid Āl Maktūm），そしてアブダビ皇太子のムハンマド・ビン・ザーイド・アール・ナヒヤーン；次期 UAE 大統領候補（Muḥammad bin Zāyid Āl Nahyān）は国家の中心として尊敬・敬意が払われる対象となっている。公共空間にはザーイド前大統領に加え，この３人にかかわるさまざまな表象を確認することができる。行政府だけではなく，ホテルや民間商業施設においても３人の肖像（それに地元首長・皇太子の写真が加わることもある）が飾られており，また新聞紙面に掲載される日々の要人の会談風景の写真もシャイフ・ザーイドの肖像画が背景となっていることが多く，国家権力の表象が再生産されていることがわかる。

　首長と人びととの関係を考えると，歴史的にはマジュリスの場で首長と部族代表が協議を行っていた。ところが近代国家としての UAE が成立すると，政治権力は首長家とインナーサークルに集中し，また近代的な官僚機構が整備されていった。その結果，首長と国民の距離は次第に離れていき，従来部族が果たしていた意見集約という政治的役割が衰退したといわれている（大

野 1994)。ただし、政治的役割が相対的に低下したとはいえ、部族は現在で
もそれ自身がひとつの政治的チャンネルとして機能している。UAE の論客
であるスルターン・カースィミーは、「UAE は独特の部族的紐帯と同盟によ
るひとつの生態系である」と評し、今日でも国内政治に部族主義の影響があ
ることを認めている（Al-Qassemi 2012)。またアブドゥッラーも、湾岸君主体
制は今でもイスラーム、伝統、部族主義を正統性の象徴として用いていると
指摘しており、体制が国内政治運営において部族にも依拠していると、その
重要性を示唆している（Abdulla 2010, 13）。

　このように、UAE 政治はウェーバーが述べるところの「伝統的支配」と
「カリスマ的支配」、そして資源配分が相互補完的に作用しており、正統性を
形作っている。今日でも、政治体制としての君主制や首長家の存在そのもの
は、UAE 社会のなかで広範な支持を得て受容されているといえる[4]。UAE
の地元研究者は、UAE の体制・政府は人びとからの信頼を得ているとし、
「合意の文化、部族の文化、首長家に対する深い尊敬がある」と指摘してい
る。また、「豊かな社会的自由が、政治的自由に対する要求を相殺している」
と、UAE の安定性を説明した（Neuhof 2011, 32）。

　UAE の政治制度が変容するなかで、急速な近代化とグローバル化は UAE
社会そのものも大きく変化させた。しばしば指摘されている問題としては、
ナショナル・アイデンティティの問題があり、2000年代頃から議論が活発に
なってきた。UAE 人口の約9割は外国人であり、このようないびつな人口
構成を前に政府だけではなく、国民自身のなかからも自分たちが多数の「外
国人」に埋没していく恐怖を感じ、それを表明し始めたからである。また、
グローバル化が進行するなかで、アラブ、ムスリム、そして伝統的な文化の
喪失や変容も危惧されていった。このような問題に対応するために、体制側
はナショナル・アイデンティティ政策を打ち出していくが、これは首長家支
配の正統性を再定義し、新たにこれを獲得するための方策であるといえる。
すなわち、体制はこれまでに確立した首長家支配の正統性や歴史性を、伝統
文化の「再発見」や「創造」を通じて補完しようとするのであった。たとえ

ば文化復興政策によって整備された博物館やヘリテージ・ヴィレッジ[5]は，単なる外国人向けの観光資源として機能するだけではなく，展示や参加を通じた国民の教育やナショナル・アイデンティティ形成が期待されているのである（Alsharekh and Springborg 2008; Cooke 2014）。さらに，UAE では2014年から新たに国民男性に対する兵役訓練義務（徴兵制）が導入された[6]。軍隊への動員を通じたネイション・ビルディングは，その方法として非常に古典的なものである。しかし，UAE が建国から40年以上も経って徴兵制を導入する背景には，忠誠心や愛国心を醸成しなければならない理由があることが指摘できる[7]。

　以上のように，UAE が近代国家として成立するなかで，首長家の支配が確固たるものになっていく一方で，従来から支配の基盤としてきた国民や部族もまた変容しているのである。これは，体制側も時代や変化に合わせて統治形態を変更し，政治的正統性を獲得していかなくてはならないことを意味している。

3．近代国家における祝祭の政治的意味

　本章では，議論の分析枠組みとしてポデー（Podeh 2011）が論じた中東の祝祭研究を参照していきたい。改めて指摘するまでもなく，近代国家においても祝日や祭りは重要な政治的意味をもっている。「暦（カレンダー）は国家の中核となる信念体系について確かに反映するものを提供する」（Podeh 2011, 3）とあるように，祝祭は単なる休日や行事を示すだけではない。それは，国家の成立過程や記憶，支配者が国民に対して示す権力の一端が表明されているともいえる。

　ポデーは，世界各国における祝祭・祭日に関する研究を手際よくまとめたなかで，祝祭がもつ意味を国家形成やネイション・ビルディングの観点から4分類した。第1に，それは国民や国家の構成員を取りまとめるためのナショナル・アイデンティティ形成のためであり，社会的統合のメカニズムであ

る。第2に，祝祭によって権力者自身が権威を確認する場を求めていること
である。第3に，政治権力や権威を国民に示し，そこからの敬意・崇拝を引
き出すことである。第4に，祝祭の感情的役割であり，参加する国民自身が
国家への帰属を確認する機会である（Podeh 2011, 19-22）。また，国家の祝祭
にあたり，国家のシンボルがさまざまな場面で利用される。共通するものに
は国旗，国歌，標章などがあり，「これらのシンボルは市民が国家や国民に
対する忠誠心や義務を感情的な方法によって表現することを可能にする」
（Podeh 2011, 29）という機能や役割が期待されている。

　UAE の祝祭日は，西暦とヒジュラ暦の両方で運用されている（表5-1）。建
国記念日や大統領就任記念日など世俗的な行事は西暦によって日付が固定さ
れているが，ラマダーン（断食月）やイード・アル＝フィトル（断食明けの
祭り），マウリド（預言者ムハンマドの生誕祭）などイスラームに基づく宗教
的行事はヒジュラ暦によって運用される。ラマダーンの場合には「月観測委
員会」が組織され，月の満ち欠けを目視で判断したうえで，祝祭日の正式な
日程が確定される。近年では，国旗の日（11月3日）や殉教者記念日（11月

表5-1　UAE の祝祭日（2015年）

日付	祝祭日
1月1日	新年*
1月3日	マウリド（預言者ムハンマドの生誕祭）
5月16日	イスラー・ワ・ミウラージュ（預言者ムハンマドの昇天祭）
6月18日	ラマダーン開始
7月17日	イード・アル＝フィトル（断食明けの祭り）
9月14日	大巡礼（ハッジ）
9月22日	アラファトの日
9月23日	イード・アル＝アドハー（犠牲祭）
10月15日	イスラーム暦新年
11月3日	国旗の日（ハリーファ大統領の就任記念日　※非休日）*
11月30日	殉教者記念日（※非休日）*
12月2日	建国記念日*

（出所）　筆者作成。
（注）　*西暦で運用されている祝祭日。

30日）など，新たな国家的記念日（非休日）も設定されている。

　本章が着目するUAEの建国記念日は，本質的には体制による国民支配のための装置である。しかしその盛り上がり方は，「たとえば，より落ち着いた雰囲気がみられるバハレーンとは対照的に，UAEにおける建国記念日は増大する大衆の熱狂とともに祝われている」（Patrick 2012, 54）と指摘されているように，建国記念日とそれに関連する祝賀行事は単に体制側の意図や企画に沿って国民が動員されるだけのものではなく，国民の「自発的」で積極的な参加がみられることも特徴である。すなわち，体制が目的とする正統性の獲得や形成が行われるのと同時に，国民が体制に忠誠ないしは支持を表明する機会にもなっていると考えられる。とくに建国40周年を迎えた2011年を境にして，建国記念日のあり方に変化がみられており，体制と国民の関係性を検討するための材料を提供してくれるといえるだろう。

第2節　建国記念日の公式／非公式行事

1．UAEの建国記念日の由来と概要

　UAEは1971年12月2日，アブダビ，ドバイ，シャールジャ，アジュマーン，ウンム・アル＝カイワイン，フジャイラの6首長国によって建国を宣言した。この日，ドバイでは首長らが集まり，UAE国旗を掲げるセレモニーが行われた。セレモニーが行われた場所は，現在でもドバイに「ダール・アル＝イッティハード」（連邦の家）として保存されており，国旗が掲揚されている。UAEは19世紀以降，イギリスの保護領であったが1968年にイギリスが中東からの軍事撤退を表明したことにより，現在のバハレーン，カタル，UAEは独立を模索した。UAE建国の翌1972年2月，ラアス・アル＝ハイマ首長国がUAEに加盟して，今日の7首長国体制が完成した。

　UAEでは11月から12月第1週にかけて，建国記念日を祝う関連行事が国

図5-1　建国記念日統一シンボル

（出所）　Higher National Day Committee（http://www.uaenationalday.ae/en/, 2015年1月20日最終閲覧）。

内各地で開催され，政府主催の公式行事と，民間団体や企業が建国記念日に合わせて行う非公式行事がある。公式には，文化・青少年・地域開発省（Ministry of Culture, Youth, and Regional Development）が建国記念日の行事・企画などを管轄している。UAEは2011年に建国40周年を迎えた。この時，40年前にドバイで撮影された首長の集合写真をイメージした統一シンボル[8]とロゴ「連邦の精神」が採用され，今日においても用いられている（図5-1）。

以下では，建国記念日に行われる行事を公式行事と非公式行事に分けて検討していく。

2．公式行事

建国記念日における公式行事とは，体制が国民から忠誠を獲得したり，愛国心の涵養やナショナル・アイデンティティの形成などの目的をもって行われている。それでは，具体的にどのような公式／非公式の行事が行われているのであろうか。2014年および2015年の建国記念日の事例を中心に整理・記

第5章　君主体制と建国記念日　93

述する。

　建国記念日で最も重要な行事は，7 首長が集まる最高評議会の開催である。最高評議会とは UAE の最高意思決定機関として憲法に規定されているが，今日では機能しておらず，象徴的な意味合いが強い。しかし，連邦国家樹立の日に首長が一堂に会することは，たとえセレモニーであっても重要な政治的意味をもつといえる。ところが，2014年の第43回建国記念日に際しては，本来開催されるべきはずの最高評議会が開催されなかった。それは，ハリーファ大統領が同年 1 月末に脳卒中で倒れており，それ以来長らく姿を見せていなかったからである。2015年の第44回建国記念日でも，最高評議会が開催されることはなかった[9]。

　また，例年首都アブダビでは首長家・政府要人や国民を集めた公式祝賀行事が開催される。2014年は最高評議会が開催されなかったが，6 首長とムハンマド・ビン・ザーイド・アブダビ皇太子が集まる機会として軍事パレードの観閲がアブダビ・エキシビションセンターの特設会場で行われた。来賓にはモロッコのムハンマド 6 世国王（Muḥammad VI）が招待された。式典が佳境に差し掛かるとラズファ（razfa）という伝統舞踊が披露され，踊りの輪のなかに首長らが剣や銃をもって加わるのであった。このほか，各首長国の皇太子が同じくアブダビに集い，UAE 国旗を掲揚する行事も行われた。2015年は公式祝賀行事として，UAE の建国から発展の過程を描くミュージカルが，同じくアブダビにあるザーイド・スポーツ・シティのスタジアムで開催された。やはりこの年もムハンマド 6 世国王が国賓として招待されており，ムハンマド・ビン・ラーシド副大統領やムハンマド・アブダビ皇太子らとともに出席している。このような公式祝賀行事は，建国記念日のなかでも中心的な行事として位置づけられているといえる。

　2015年はさらに，大統領府主催の部族行進「統一の行進」（Masīr al-Ittiḥād）が新たに行われた。全国から集まった主要部族の男性メンバーたちが，部族名の書かれたボードを掲げ，国旗の小旗を振ったり国旗カラーのストールをまとい歌い踊りながら首長や皇太子の前を行進し，体制に忠誠を示すもので

ある。参加部族数については公式の発表はないが，筆者が映像をもとに確認したところによると，バニー・ヤースやアル＝シフーフ，マナーシールなど判明分だけで35部族の参加があった[10]。また，式典のハイライトにはアル＝アーズィー（al-'āzī）という詩の朗誦が行われた。従来も建国記念日に際して，首長らの前でヨウラやラズファ，アイヤーラなどの伝統舞踊を披露したり行進する行事はあったが，部族名を明示しながら行進すること，さらにはそれが大統領府による大掛かりな動員によって行われたことは，恐らく2015年が初めてのケースであろう。

このほかの公式行事として，市民向けのイベントやコンサートも各地で開催された。ショッピング・モールの一角には，文化・青少年・地域開発省によってUAEの歴史や発展を展示するイベント・スペースが設置されたり，ヘリテージ・ヴィレッジ等でも伝統文化・芸能などの実演が行われた（写真5-1・5-2）。UAE国外においても，在外UAE大使館主催の建国記念日祝賀式典が開催されており，後日その様子が国営通信などを通じて配信される[11]。また，多数の住民を対象としたイベントには，中心部での花火大会がある。12月2日の建国記念日当日，アブダビでは海岸通り（コルニーシュ）で花火大会が開催された。夕方頃から通り沿いの公園や広場に大勢の人が集まりだし，ピクニックやバーベキューをしながら日が暮れるのを待っていた。また，

写真5-1　ショッピング・モールの
　　　　　イベント・スペース

2014年11月　ドバイにて筆者撮影。

写真5-2　ヘリテージ・ヴィレッジ
　　　　　における伝統芸能の実演

2014年11月　アブダビにて筆者撮影。

第5章　君主体制と建国記念日　95

写真5-3　建国記念日の街中の光景　　　写真5-4　国旗で装飾される住宅

2014年12月　アブダビにて筆者撮影。　　2014年11月　アブダビにて筆者撮影。

　子どもたちはコルニーシュ通りを通る自動車や通行人をパーティー用スプレーで次々に「襲撃」しており，街中が祝祭の雰囲気に包まれていた（写真5-3）。

　建国記念日に際して，街中が装飾される。このような装飾についても，建国記念日を演出する機能があり，公的な行事とみなされるべきであろう。市内の主要な道路や政府・省庁の建物は電飾やプロジェクション・マッピングで飾られた。また，民間のビルや一般の住宅にはUAE国旗が掲揚された。2013年には，政府が11月3日[12]を「国旗の日」として設定したこともあり，翌月まで多くの住宅が引き続き国旗を掲揚していたと考えられる（写真5-4）。

3．非公式行事

　非公式行事には建国記念日を祝い，政府以外のアクターが自発的に行うイベントや，関連する現象がある。非公式行事のなかには，国民が部族単位で体制に対して忠誠を誓うかのような現象や表象がみられる。
　注目すべき行事には部族単位で行われる祝賀行事（部族集会）がある。UAEの主要部族が郊外にテントを張り，建国記念日を祝い，国家や首長家に忠誠を表明するものである。首長家関係者は日常的に冠婚葬祭や招待に応

じて地元民の家を訪問することがあるが，建国記念日に開かれる部族集会は，2011年以降にあらわれた比較的新しい現象である[13]。集会には首長家要人が来賓として招待され，部族メンバーによる行進や伝統舞踊が披露される。また演説や詩の朗誦が行われ，国家や指導者への感謝や忠誠が示されている[14]。部族集会の様子はメディアにも取り上げられるため，体制側からみると国民から首長家への支持が表明されていることの宣伝になり，また部族側からみると忠君愛国的な姿勢を示すことができるといえる。このように部族集会は，伝統的な形式を装いながら体制との交流を図る現代的な政治的チャンネルなのである。部族集会は主催者にとっても一大イベントであるようで，大掛かりなものになると実行委員会まで組織されており，年々規模が拡大している[15]。

　さらに部族集会と同様に注目するべき現象としては，新聞に出稿する祝賀広告がある。建国記念日に合わせて部族や個人が祝賀広告を新聞に出稿し，ハリーファ大統領，ムハンマド副大統領，ムハンマド・アブダビ皇太子，および各首長に対する祝意を表明している（図5-2）。このような「部族広告」は，2011年の建白書問題をきっかけに，主要部族が体制に対する忠誠を表明するために行われるようになった（堀拔 2012a, 6）。筆者の集計によると，2010年11月下旬から12月上旬にかけて現地紙『アル＝イッティハード』（*al-Ittiḥād*）に部族名で出稿された祝賀広告はわずかに７件であったのが，2011年の同時期には54件（うち22件は全面カラー刷り）と大幅に増加している[16]。この時期以降，各部族がイードや建国記念日など国家的祝祭日に合わせて祝賀広告を出稿する現象が常態化している（図5-3）[17]。この現象も，建国記念日の非公式行事として重要である。

　非公式行事は，何も部族単位だけで行われるだけではなく，個人としての参加もある。建国記念日の時期になると，街中を走る自動車にもある変化が起こる。それは，自動車の車体をUAEの国旗カラー（赤・緑・白・黒）に塗装したり，窓ガラスや車体全体に首長家要人の顔写真を印刷した特殊なステッカーを張ってラッピングするなど，装飾を施すことである（写真5-5）[18]。

第 5 章　君主体制と建国記念日　97

図5-2　ヌアイム部族の祝賀広告

（出所）　al-Ittiḥād, December 1, 2014.

写真5-5　カーラッピング

2014年11月　ドバイにて筆者撮影。

写真5-6　建国記念日グッズの販売

2014年11月　アブダビにて筆者撮影。

図5-3　建国記念日の部族祝賀広告数の推移（2010～2014年）
（単位：件）

（出所）　al-Ittiḥād 紙（各年11月15日～12月 8 日までの広告数を集計）。

筆者の2014年の観察によると，シャイフ・ザーイドの肖像が比較的広範に用いられており，これに並んで大統領・副大統領・アブダビ皇太子の3人が登場する頻度も高かった。また，首長国ごとのナンバープレートによっては，地元首長の写真をデザインに使用している自動車もあるなど，所有者がデザインの個性だけでなく，体制への敬意ないしは敬愛を表現するかのようであった。カーラッピングについては，そのデザインを競うコンテストが開催されるなど年々盛んになってきており，建国記念日の非公式行事として定着しつつある。そのため，建国記念日の前には，安全性の観点からカーラッピングに関する規定と警告が内務省から発出されるようになった[19]。興味深いのは，このようにカーラッピングをするのはUAE国民だけに限らず，外国人住民のなかにもいる点である。

　今日，建国記念日はUAEの消費文化とも密接に関係し，そのなかに取り込まれている。ショッピング・モールやスーパーでは，「建国記念日セール」が開催される。ショッピング・モール全体はUAE国旗のカラーに包まれ，店舗のショーウィンドウでも建国記念日を祝うディスプレイがなされる。また，スーパーには特設スペースが設けられ，その一角では大小のUAE国旗や衣装，建国記念日関連のグッズを売り出していた（写真5-6）。UAEは外国人人口が多く，最近ではバレンタインデーやクリスマスに合わせたセールが頻繁に行われている。小売業界にとっては，建国記念日はクリスマスなどと同様に，売り上げ増が見込まれる年間行事のひとつであるといえるだろう。

　このように，建国記念日に向けて街中が祝祭の雰囲気に包まれる。非公式行事も，そのような雰囲気を醸成し，また装飾された自動車やショッピング・モールもこれを演出している。したがって，このような国民が「自発的」に行っている非公式行事，とりわけ部族単位で行われる部族集会や部族祝賀広告，また個人が行うカーラッピングは，建国記念日を通じた体制への「支持」の表明として検討する余地があるだろう。

第3節　UAE における建国記念日の役割

1．UAE 国民にとっての建国記念日

　第2節では，UAE における建国記念日の関連行事を公式／非公式の観点から分類・整理した。以下では，現代 UAE の文脈のなかで，建国記念日の位置づけやそれがもつ意味，また建国記念日がネイション・ビルディングや社会にとってどのような役割を担っているのか，第1節で指摘したポデーの祝祭の政治的意味に関する4分類に従い検討していく。

　第1に，ナショナル・アイデンティティ形成の役割である。公式／非公式の行事を通じ，UAE の歴史や国家形成について多くのメディアで特集が組まれ，建国・発展の記憶を世代を超えて国民のあいだに共有・継承しようとする。これらの行事はとくに若者に対して，石油が発見されていなかった頃の貧しい風景を示し，今日の豊かな生活が先人の努力や「賢明な君主」によってもたらされたものであることを教育する。その際，昔の生活を再現したヘリテージ・ヴィレッジの展示や建国前後の映像資料が用いられるが，若者や子どもに対して現在の生活水準とのちがいを直接的に訴える効果がある。また，アイヤーラやラズファ，ヨウラなどの伝統舞踊は，身体性を伴うかたちで伝統を共有・継承するものといえる。

　第2に，首長・首長家が政治的権威を確認する役割である。建国記念日に際してみられる部族集会や部族祝賀広告は，その典型であるといえよう。すなわち，非公式な行事として出現し始めたこれらの現象をみると，部族単位で国家と首長家に自発的なかたちで忠誠や敬意が表明されていることがわかる。当然，部族としてはその見返りに体制からの庇護や何らかの支援を期待している。また若者を中心に広がるカーラッピングは，現象としてはある種の「ファッション」であり，デザインやオリジナリティを競う側面が強い。ただし，これも体制の政治的権威に対する忠誠や追認，敬意の表明の一形態

でもあり，為政者の肖像が国家のシンボルとして社会のなかで幅広く再生産される現象でもある。たとえば，アブダビ観光文化庁（Abu Dhabi Tourism & Culture Authority）の建国記念日担当者は，「UAE 国民は非常に愛国的であり，またわれわれの多くが自動車に夢中である」とし，これらの要因が建国記念日と結び付いて UAE の国旗色のもとでひとつの社会として集合すると指摘している（*Emirates 24/7*, November 27, 2012）。

　第3に，政治権力や権威を国民に示す役割である。建国記念日には国民にとって重要な政策が発表されることが多く，人びとの注目を集める。この時期，大統領や首長らは建国記念日を祝う談話を発表しており，このなかで UAE が直面する国家的課題や将来的な成長・発展のための戦略を示している。2005年の建国記念日に際し，前年に就任したばかりのハリーファ大統領は翌2006年に同国史上初となる議会選挙を実施することを発表した（堀拔 2011, 74）。また，2007年には翌2008年を「ナショナル・アイデンティティの年」とすることを発表している（堀拔 2011, 167）。また例年，建国記念日はイードと同様に服役囚に対する恩赦が与えられることが多い。2011年には「建白書問題」で逮捕・起訴され11月に実刑が確定したばかりの UAE 人被告に対して，判決の翌日に恩赦を与えて釈放した。このように，建国記念日は UAE 政治において体制が政治権力を示す重要な機会である。

　第4に，感情的な方法で国民が国家への帰属を確認する役割である。UAE は歴史的に，また建国以後も，国民全体で共有される体験に乏しい。たとえば，クウェートは1990年にイラクから侵攻され，多くの死傷者が出るなかで抵抗し，多国籍軍の助けによって解放されたという経緯があるが，UAE は国家存亡の危機に立たされたことはない。しかし，「アラブの春」以降の域内の政治変動と UAE 国内のムスリム同胞団問題を受けて，治安・安全保障に対する危機感が体制・政府内で高まっている。建国記念日に際し，地元テレビではさまざまなテレビ CM が放映されていた。このなかには，軍隊や警察，消防など国家の安全を守る人びとに焦点を当てたものもあり，国歌や国旗の映像とともに軍事訓練の風景が組み合わされ，単なる CM の域を超

えたプロモーション・ビデオとして完成されている。そこには，「強い UAE 国家」像を示し，見る者の感情に訴えようとする意図がみえる。さらに，CM や公式／非公式行事の場で掲げられる国旗，そしてそこで歌われる国歌も，UAE 国民の帰属意識を感情的に刺激するのである。とくに2015年はイエメン内戦への介入の結果，UAE 軍は70人を超す戦死者（殉教者）を出し，さらに建国記念日の数日前に「殉教者記念日」という新たな祝日が設けられたこともあり，より感情的に国民の帰属意識を確認することになった（堀拔 2016）。

　表5-2にまとめられるように，UAE において建国記念日は体制と国民が一定の目的をもって行っている。体制は公式行事への国民の参加や動員を通じて，統治の正統性を再生産したり，ナショナル・アイデンティティの形成を試みている。また，国民は建国記念日を祝い，公式／非公式行事への参加を通じて体制に忠誠ないしは支持を示そうとしていることがわかる。

表5-2　建国記念日の公式／非公式行事と目的

	内容	目的
公式行事	最高評議会	連邦体制の結束の確認
	公式祝賀行事（2015年）	国威発揚，政治的権威・権力の確認
	軍事パレード（2014年）	国威発揚，政治的権威・権力の確認
	統一の行進（部族行進：2015年）	（体制）政治的権威・権力の確認，（国民）忠誠・支持の表明
	歴史遺産関連行事	建国史の確認，ナショナル・アイデンティティ形成
	恩赦	政治的権威・権力の確認
	その他関連イベント	娯楽の提供，国民・国家の一体感の醸成
	（国旗の日：11月3日：2013年〜）	国旗の掲揚を通じた愛国心の涵養
	（殉教者記念日：11月30日：2015年〜）	殉教者の称揚を通じた愛国心の涵養
非公式行事	部族集会	体制への忠誠・支持の表明
	部族祝賀広告	体制への忠誠・支持の表明
	カーラッピング	体制への忠誠・支持の表明，ファッション，消費文化
	建国記念日セール	消費文化

（出所）　筆者作成。

2．体制への支持をどう読み解くか？

　建国記念日で観察することができた体制への忠誠や支持とみられる現象や表象をもって，国民が体制と政治的正統性を受容していると断定することは難しい[20]。しかし，ここで重要なことは忠誠の真偽を問うことではなく，なぜ国民の側は建国記念日の機会に体制への忠誠や支持を表明しようとするのかを検討することである。

　冒頭で指摘したように，UAE は「アラブの春」によって大きな政治変動を経験した。無論それは他の中東諸国が経験したような体制転換を伴うものではないが，同国史上初めて一部の国民が公に政治のあり方を批判し，改革を求めたのである。問題の原因は，本来利害調整を行う公式制度であるはずの議会に立法権が与えられず，また政府・体制側に十分に意見が表明できない点である。たとえば他の権威主義体制国やクウェートなど，議会が機能する国では，体制は議会を通じて利害調整を行ったり，また野党や反政府勢力を取り込む（コオプテーション）ことができる。ところが，UAE の場合は議会が体制・政府と国民のあいだの交渉の場として機能していないため，政府の側にとっても公式の政治制度を通じた交渉ができないのである。さらに，国民の要求の争点は政治改革そのものであり，資源配分で対応可能な経済的動機に基づくものではなかったことも，体制側の対応が難しい点であった。そのため，体制側としても秘密警察など暴力を使って抑え込む手段を採用するしかなかった。

　そして，2011年に建白書問題が起きた際，国内社会に新しい動きが確認された。それは，体制側が部族を通じて締め付けを行い，部族側は体制への忠誠・支持を表明することによって安全を確保したことである（堀拔 2012a）。2011年4月末頃から5月中旬にかけて，国内のアラビア語紙に部族会議の招集を呼び掛ける広告が出稿された。広告の出稿は部族単位で行われており，部族メンバーに対して会議への参加を呼び掛けるものであった。部族会議で

は建白書問題などが議題にされていたようで，ある部族長は「いかなる部族のメンバーも個人としてはあり得ない。男性も女性も，メンバーは部族を代表して発言できない」として，建白書への署名が部族全体を代表するものではないと批判した（*The National,* May 4, 2011）。その後，5月中旬以降は大統領・首長らに忠誠を誓う新聞広告が，同じく部族単位で地元新聞に出稿された。これ以降，ラマダーンや建国記念日等の重要な行事に際して，部族が忠誠や祝意を表明するケースが増えている。

　したがって，建国記念日における忠誠や支持をめぐる現象や表象は，「アラブの春」後に部族側が体制からの締め付けや圧力を回避するために行った生存戦略であると理解することができる。アブドゥッラーが指摘するように，湾岸諸国で拡大する中間層とはグッド・ガバナンスや民主化を求める勢力であるのと同時に，その多くが賃金をもらう官僚やテクノクラートであり，政府への帰属や身分，特権を享受している。そのため，彼らは（体制からの圧力に）臆病で職業の安定性を望んでいるために，古い部族や古い世代と同じように体制や支配家系に政治的に忠実であるといえる（Abdulla 2010, 3-16）。したがって，国民は部族という政治的チャンネルを通じて，建国記念日などの国家行事の場で忠誠を表明するのであった。

　ただし，別の見方をすると，冒頭で指摘したように国民は改革ではなくて現状維持による国家・社会の安定や安全を選択したともいえる。すなわち，体制に対する忠誠を表明し，現状維持を支持することは，単に自分たちが所属する部族が体制からの庇護を受けるだけではなく，政治改革によって生じる不利益を避け，国家の安定を求めたのである。この点についてはさらなる論証が必要であるが，UAEにおける君主体制の今日的意義を考えるとすれば，それはまさに国民が求める国家の安全や社会経済の安定を提供する政治主体としての存在なのである[21]。

おわりに

　本章では，「アラブの春」後の UAE における体制と国民の関係性の変化について検討した。UAE は「アラブの春」によって国内で政治改革運動が起こり，その揺り戻しで体制による改革派勢力とムスリム同胞団系組織への締め付けが行われた。一連の出来事と体制側の対応は，体制と国民の関係が従来の資源配分に基づく伝統的な支配・被支配の関係から変容し始めていることを示唆している。

　本章が事例として扱う UAE の建国記念日を検討してみると，双方の関係性をみることができた。体制側からすると，建国記念日は本質的に支配のための道具であり，国内各地で行われる公式行事は，国民からの政治的正統性を獲得したり，また支配体制としての首長家の政治的権威を確認したり，さらにはナショナル・アイデンティティの形成が期待されている。また国民側からすると，建国記念日は単なる国家的祝祭日のひとつではなく，体制や首長家への忠誠を表明する場であることが分かった。なぜ国民が建国記念日の公式／非公式の行事を通じて積極的に体制への支持や忠誠を表明するのかといえば，「アラブの春」以降に体制から社会にかけられている政治的圧力をかわすためであり，同時に政治的な変化ではなく国家の安定を望んでいるという意思の表明であるともいえる。このとき，UAE 政治のなかですでにその影響が低下したと考えられていた部族が，今日においても政治的チャンネルとして機能しており，体制と国民をつないでいることが確認された。

　このようにして，UAE は「アラブの春」の政治的影響を受けながらも，体制はその安定性を保つことができたのである。また国民は首長家支配の政治的正統性を容認し，支持や忠誠を表明することによって，体制からの政治的圧力をかわすだけでなく，政治的・社会的な安定を享受した。この互酬的な関係性は，UAE に特殊なものではなく，多くの湾岸君主体制においても共通するといえるだろう。

第5章 君主体制と建国記念日 105

〔注〕

(1) 字義どおりにとらえると「国家の日」「祖国の日」であるが，本章では1971年12月2日にUAEが建国した歴史を考慮し，「建国記念日」の訳語をあてる。

(2) 本章執筆にあたり，2014年11月22日から12月4日にかけてUAEおよびカタールで現地調査を行った。本章の主題である建国記念日の行事に関しては，おもにアブダビ首長国およびドバイ首長国での調査に基づく記述となる。

(3) UAEにおける国民形成については，堀拔（2009; 2011）に詳しい。

(4) 「アラブの春」の際，Facebook等のSNS上ではUAE体制批判の投稿が複数確認された。その一方で，筆者が聞き取りしたUAEの政治改革派のひとりは「我々は皆，首長家の支持者である」と述べ，君主体制そのものについては否定していなかった（堀拔 2012a, 9）。

(5) ヘリテージ・ヴィレッジとは，昔ながらの生活風景を再現したり体験できる学習・観光施設である。地元民にとっては，昔の生活を懐かしんだり追体験することができ，また観光客にとってはUAEなどの歴史にふれることができる。アブダビやドバイなど各地に設けられている。

(6) 2014年6月7日，ハリーファ大統領は連邦法2014年第6号「兵役義務法」を公布した。これによると，18歳から30歳までのUAE国民男性は兵役訓練への参加が義務づけられており，不参加や法律への違反には厳罰が課される（女性は任意選択制）。また，兵役訓練を終えた者には，公務員職への就職や奨学金給付において優先的な扱いを与えることも検討されている。

(7) 2014年6月16日，アブダビにおいて徴兵制に関するシンポジウムが開催された。このなかで，パネリストのひとりであったムハンマド・ムッル連邦国民評議会議長（Muḥammad al-Murr）は，徴兵制は若い国民のあいだで愛国心とナショナル・アイデンティティを強化するとの見解を示した（*Gulf News*, June 16, 2014）。

(8) なお，この統一シンボル制作の過程については，佐藤（2014）が詳しい。

(9) このほか，ラマダーンやイードに際しての首長級の集まりにも姿をみせていない。さらに，2014年は本来であれば大統領任期の更新手続きのために最高評議会の開催が必要であったが，結局のところそれは開かれることなく，ハリーファは大統領職にとどまっている。

(10) 参照した映像資料（https://www.youtube.com/watch?v=LRE4ixkugsI，2017年7月7日最終閲覧）は不鮮明で参加部族名を読み取れない部分もあった。恐らく50程度の部族が参加したと考えられる。

(11) 日本では例年，12月2日前後に東京都内のホテルにおいて在京UAE大使館主催の祝賀レセプションが開催されている。レセプションにはUAE大使が出席し，各国大使のほか日本政府関係者や，ビジネス関係者など多数が招待されている。

⑿　ハリーファ大統領の就任日（2004年11月３日）を祝う日として設置された。ただし，公的な休日にはなっていない。

⒀　ハーリド・アル＝ミザイニー・カタル大学助教に対する筆者による聞き取り調査（2014年11月24日於ドーハ）。

⒁　たとえば，アブダビのバニー・ヤース部族連合は2014年11月30日に部族集会を開催した。この時，サイフ・ビン・ザイード・アール・ナヒヤーン（Saif bin Zāyid Āl Nahyān）副首相兼内相とハーミド・ビン・ザイード・アール・ナヒヤーン・アブダビ（Ḥāmid bin Zāyid Āl Nahyān）皇太子府長官ら首長家要人が招待された。部族集会にはバニー・ヤース部族連合に所属する約40の部族・支族から１万人近い人びとが参加した。"Saif bin Zayed and Hamed bin Zayed Attend the Bani Yas Tribe Celebrations of the 43rd UAE National Day"（https://www.moi.gov.ae/en/media.center/News/News160.aspx）。アブダビ首長家のナヒヤーン家は，歴史的にこのバニー・ヤース部族連合の中心であった。

⒂　部族集会はテントやステージなどが設営されており，多額の費用がかかっている。そのため，主宰する部族の社会経済的な立場も示していると考えられる。

⒃　al-Ittiḥād 紙 2010年11月20日～12月７日付け，および2011年11月20日～12月８日付けまでを対象に集計した。原則として部族名で出稿されたものを集計の対象としており，個人名で出稿されたものは除外した。

⒄　UAE において祝祭日や政治的人事，要人の結婚や死亡に際して祝賀・弔意広告が出稿されることは珍しいことではない。とくに，現地企業や外資系企業などは積極的に出稿している。これに加えて，個人（または個人名＋～の子どもたち）の名義や部族名義で出稿されることもある。2011年の UAE での政治変動を受けて，祝祭日に部族名義で祝賀広告が出稿するケースは明らかに増えている。

⒅　車体の塗装やラッピングは，装飾する窓ガラスの数やボディーの大きさなどによって異なるという。筆者の聞き取りによると，アブダビのある自動車アクセサリー販売ショップでは，車両の左右および後ろの窓の３面をデコレーションすると300ディルハム（約9300円：当時［以下，同じ］）かかり，車体全体の色を変えるところまでいくと800ディルハム（約２万4800円）かかると説明された（2014年12月29日，筆者によるアブダビ市内の自動車修理工場での聞き取り調査）。また，アル＝アラビーヤの報道によると，なかには10万ディルハム以上（約310万円）の費用をかけてカーラッピングをする者もいるようである（al-Arabiya, November 21, 2012）。

⒆　建国記念日のカーラッピングとそれを披露する「パレード」については，お祭り騒ぎとして容認される一方で，警察によって厳しく取り締まられてもいる。2012年の建国記念日に際し，アブダビ首長国内では約600台の自動車が

違反車両として取り締まりを受けた（*The National,* December 9, 2012）。

⑳　一方でポデーが指摘するように，新聞広告は新しい形の「バイア」（為政者に対する忠誠の誓い）であると見なすこともできるだろう（Podeh 2011, 40）。

㉑　アブドゥッラーは湾岸諸国において，ときに民主化と（国家の）安全・安定が故意に交換されてきたとみえると述べている（Abdulla 2010, 21）。また筆者がこれまでに複数回 UAE の改革派に聞き取りしたなかでも，しばしば国民は周辺環境に不安を感じており，国家や政治社会の安定を望んでいると指摘された。

〔参考文献〕

＜日本語文献＞

池内恵 2013.「『石油君主国』とその庇護者――アラブ世界の君主制はなぜ倒れないか（下）――」『UP』42(7)　7 月　39-46.

大野元裕 1994.「湾岸における社会的変遷と民主化の動き――UAE における民主化の経験――」『国際大学中東研究所紀要』8，3 月　139-162.

佐藤尚平 2014.「国家と集合的記憶――UAE 建国40周年記念ロゴの謎――」『UAE』55，3 月　7-10.

浜中新吾 2014.「中東諸国の体制転換／非転換の論理」日本比較政治学会編『体制転換／非転換の比較政治』ミネルヴァ書房　49-77.

堀拔功二 2009.「アラブ首長国連邦における国家変容と『国民』形成――国籍法と結婚基金政策を事例に――」『日本中東学会年報』25(1)　83-111.

―――　2011.「アラブ首長国連邦における国家運営と社会変容――『国民マイノリティ国家』の形成と発展――」学位申請論文（京都大学）.

―――　2012a.「UAE における政治改革運動と体制の危機認識――2011年の建白書事件を事例に――」（佐藤寛編「アラブの春とアラビア半島の将来」機動調査研究報告書　アジア経済研究所　1-14　http://www.ide.go.jp/Japanese/Publish/Download/Kidou/2012_arab.html）.

―――　2012b.「湾岸の春？――GCC 諸国における政治変動・体制・国民――」日本国際問題研究所編『中東政治変動の研究――「アラブの春」の現状と課題――』　25-35.

―――　2013.「アラブ首長国連邦――ムスリム同胞団の影響に揺れる――」『季刊アラブ』（145）夏号　12.

―――　2016.「殉教と愛国――UAE にとってのイエメン内戦――」『アジ研ワールド・トレンド』（248）6 月　24-27.

＜英語文献＞

Abdulla, Abdulkhaleq 2010. *Contemporary Socio-Political Issues of the Arab Gulf Moment*, London: Center for the Study of Global Governance.

Alsharekh, Alanoud, and Robert Springborg 2008. *Popular Culture and Political Identity in the Arab Gulf States*, London: Saqi.

Cooke, Miriam 2014. *Tribal Modern: Branding New Nations in the Arab Gulf*, Berkeley: University of California Press.

Davidson, Christopher M. 2012. *After the Sheikhs: The Coming Collapse of the Gulf Monarchies*, London: Hurst.

Forstenlechner, Ingo, Emilie Rutledge, and Rashed Salem Alnuaimi 2012. "The UAE, The 'Arab Spring' and Different Types of Dissent," *Middle East Policy* 19 (4) Winter: 54-67.

Horinuki, Koji 2013. "An Independency in a State of Dependency: Socio-Economic Challenges and Politics in the Northern Emirates of the UAE," unpublished paper for the 29th Annual Meeting of the Japan Association for Middle East Studies, at Osaka University, 11-12 May.

Luomi, Mari 2012. *The Gulf Monarchies and Climate Change: Abu Dhabi and Qatar in an Era of Natural Unsustainability*, London: Hurst.

Menaldo, Victor 2012. "The Middle East and North Africa's Resilient Monarchs," *The Journal of Politics* 74 (3) July: 707-722.

Neuhof, Florian 2011. "Protests Fail to Garner Support. (Governance)" MEED 55 (21) 27 May-2 June: 32-33.

Patrick, Neil 2012. "Nationalism in the Gulf States," In *The Transformation of the Gulf: Politics, Economics and the Global Order*, edited by David Held and Kristian Ulrichsen,: London: Routledge, 47-65

Podeh, Elie 2011. *The Politics of National Celebrations in the Arab Middle East*, New York: Cambridge University Press.

Al-Qassemi, Sultan 2012. "Tribalism in the Arabian Peninsula: It's A Family Affair," *al-Arabiya News,* 3 February, 2012.

Ulrichsen, Kristian C. 2012. *Small States with a Big Role: Qatar and the United Arab Emirates in the Wake of the Arab Spring* (Discussion paper) Durham: Durham University.

＜新聞＞

Emirates 24/7

Gulf News

al-Ittiḥād

The National

第6章

モロッコ王制の安定性におけるバイア
（忠誠の誓い）儀礼の役割

白 谷 望

はじめに

　2011年初頭から中東・北アフリカ諸国を飲み込んだ「アラブの春」と呼ばれるアラブ政変の波は，北アフリカ最西端のモロッコも例外とはしなかった。チュニジアの「ジャスミン革命」や，エジプトにおけるムバーラク退陣の動きに共鳴するかたちで，モロッコでも反体制を掲げる抗議活動が頻発し，2011年2月20日には，都市によっては5万人を超えるデモが実施された。他の君主制諸国の状況と同様に，「君主制打倒」というスローガンや国家元首としての国王の存在に疑問を呈するような声はほとんど上がらなかったものの，デモ隊は，国王の政治的権限の縮小と憲法改正，首相の解任と現国会の解散，そして汚職の廃絶などを要求した。

　こうした動きに，現国王ムハンマド6世（Muḥammad VI，在位1999年〜）は迅速に対応した。反政府デモが徐々に組織化され，その規模が拡大していくことを危惧した国王は，2月20日の全国各地での大規模デモ勃発からわずか3週間後に，憲法改正を実施することを発表した。そして，国王が任命した委員からなる憲法改正委員会によって作成された改正案は，7月1日の国民投票において98.5％という驚異的な支持率で承認され（*Jeune Afrique*, July 2, 2011），正式に施行されることとなった。続いて，国民議会選挙が前倒しで

実施され，それまではさまざまな手段を通じて体制に政権奪取を阻まれてきたイスラーム主義政党「公正開発党」（Ḥizb al-'Adāla wa al-Tanmiyya/Parti de la Justice et du Développement）が第一党となり，同国初のイスラーム主義政党政権が誕生した。アラブ政変以降のモロッコにおけるこうした政治改革は，他のアラブ君主制諸国と同様に，革命や未曾有の混乱を伴わずして政変の波を切り抜け，緩やかな政治改革に成功した例としてとらえられている（白谷 2014, 97）。

　しかし，他のアラブ君主制諸国とは地理的に離れていることから，その歴史はまったく異なる過程を経てきた。そこで歴代国王が強調してきたのが，王権の歴史的連続性とその宗教的正統性である。モロッコが位置するアフリカ大陸の北西端は，同地域のイスラーム化以降いくつかの王朝によって統治されてきたが，現モロッコの国土の大部分は基本的には同じ王朝の統治下に組み込まれ，その統治体制が非常に脆弱なものであったとしても，国土が大きく分断された経験をもたない。16世紀には隣国アルジェリアまでがオスマン帝国領に組み入れられたが，モロッコはその支配を逃れ，また，フランス，スペインによる分割保護領となった際にも，17世紀に確立されたアラウィー朝の王家が統治する政治体制が形式的にではあるが存続した。こうした歴史は，独立後のモロッコにおいて，国民国家の枠組みや国民の忠誠心を育みやすい土壌を提供したと考えられる。

　1956年の独立以降，歴代国王は，同地域を治めた歴代王朝の連続性と伝統を，さまざまな場面で繰り返し強調してきた。たとえばそれは，前国王ハサン2世（Ḥasan II, 在位1961〜1999年）の演説で，「モロッコは，（同地域の）イスラーム化の1世紀後に当たる，預言者ムハンマドの子孫（イドリース朝始祖のイドリース1世［Idrīs ibn 'Abd Allāh］, 在位788〜793年）が即位した788年からの歴史による産物」（Rouvillois, Bouachik, and Saint-Prot 2010, 19）というように語られている。つまりモロッコは，12世紀以上続く王朝国家としての歴史を有し，その歴史は預言者ムハンマドの末裔であるシャリーフ（sharīf）[1]による統治から開始された「正統」な系譜に連なるということが強調される

のである[2]。

　他のアラブ君主制諸国とはまったく異なるこのような地理的条件と歴史的背景をふまえると，モロッコ王制の頑健性には，モロッコ独自の論理が存在していると考えられる。たとえば，湾岸産油国の政治体制の頑健性を説明するのには一定程度有用な「レンティア国家論」（Beblawi and Luciani 1987）[3]や「王朝君主制論」（Herb 1999）[4]は，モロッコに関していえば，それを説明できる十分な「レント」が存在せず，また支配家系による権力独占がなされていないため，他のアプローチが必要となる。他方，近年，議会や選挙の機能に注目し，モロッコ王制の安定を説明する研究も増えている（Richards and Waterbury 2013; 白谷 2014; 浜中・白谷 2015）。こうしたアプローチは，モロッコ王制の頑健性の一要因を説明するものではあるものの，そこでは国王の存在や役割が軽視されており，モロッコが「王制」として安定を維持していることを説明することが難しい。また，これらの研究は，体制の脅威となり得る諸政治アクターへの対応に焦点を当てており，アラブ政変の主役ともなった大衆が分析の射程に入っていない。アラブ政変のような政治的に不安定な時期でさえも，国民の不満の矛先が首相や政府のみに向けられ，国王がその批判の対象とならない状況を説明するためには，国民の支持という視点が不可欠となる。

　本章では，歴代国王によって強調されてきた宗教的正統性と王朝国家の歴史的連続性に注目し，モロッコ王制の特徴であるバイア（bay‘a，忠誠の誓い）を国王と国民を結び付け，国民からの支持を獲得する儀礼として位置づけ，その頑健性をなす要因の一端を明らかにすることをめざす。はじめに，独立以降，議会制や政党制などの近代的制度が導入される一方で，王権の歴史的・イスラーム的正統性が強調され，それらが近代国家の枠組みに巧みに組み込まれる過程を考察する。次いで，モロッコにおいて最も重要とされる国家儀礼であり，国民の国王への忠誠が最も可視的なかたちで現れるバイアの儀礼について，同国に特徴的な「忠誠（の契約）の更新」（tajdīd al-walā'）（Daadaoui 2011, 83）という性格が制度化されていく過程を考察する。そして

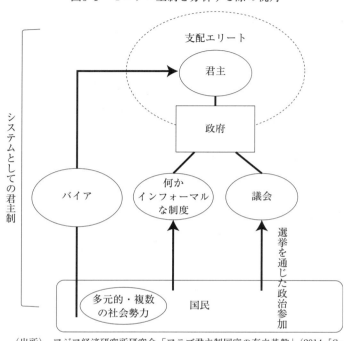

図6-1　モロッコ王制を分析する際の視角

（出所）　アジア経済研究所研究会「アラブ君主制国家の存立基盤」（2014-[C-11]）調査研究報告書などを参考に筆者作成。

最後に，伝統儀礼であるバイアがいかにして独立後のモロッコで政治的に利用されてきたのかを分析する（図6-1）。

第1節　ネイション・ビルディングにおけるイスラーム的正統性の積極的な採用

モロッコは従来，独立直後からの複数政党制の導入や二院制の設置など，アラブ世界のなかで「最も独裁的でない独裁国家」（the least autocratic country）とみなされており，また一般的には準民主主義（semi-democracy）もし

くは自由主義的独裁（liberalized autocracy）と分類される（Brumberg 2002）。こうした理解から，上述のとおりモロッコ王制の安定を説明する際に議会や選挙に注目する研究が近年増えている。しかし一方で，上記のような近代的制度と合わせて，国家の歴史と伝統，そして国教としてのイスラームが強調されており，これらの要素が王権に正統性を付与しているのである。

1．独立後の国家建設

1956年3月2日，モロッコの独立が公式に認められた。モロッコ初代国王のムハンマド5世（Muḥammad V，アラウィー朝第23代君主，在位1927〜1961年）は，1955年11月16日に，約2年間の亡命生活を送ったマダガスカルから凱旋帰国するが，彼の帰国が当時国内で活発化していた独立運動をいっそう盛り上げることとなり，フランスとスペイン両国からの独立を勝ち取った。

独立運動のリーダーのひとりであったムハンマド5世は，もう一方の独立運動の立役者で，独立後には王制の採用に反対する諸勢力に対抗しつつ，立憲君主制を樹立する意向を示した。これを具体化するため，1960年11月3日付けのザヒール（ẓahīr，勅令）によって，「憲法草案制定委員会」を設置した。この委員会は国王の任命する78人の委員から構成され，1962年12月31日までに憲法を制定すると予定され，国王が委員会に託した憲法の基本は，「イスラームとモロッコの伝統を尊重するという枠組みのなかでの立憲君主制」であった（私市 2001, 10-11）。

ところが，1961年2月26日，ムハンマド5世の死去とともにこの委員会は解散した。第2代国王ハサン2世は，父ムハンマド5世がとった方法を踏襲せず，スルターン個人に伝統的に認められていた広い法的権限（ザヒールの発布）を利用することによって，自ら憲法制定に取り掛かった。そして，法学者の小グループの協力を得て，自らの主導によって作成したものがモロッコ最初の憲法であり，1962年12月7日の国民投票で採択された。そこには，他のアラブ諸国に先駆けていち早く複数政党制や二院制などの近代的制度が

盛り込まれていたものの，他方では，シャリーフとしての君主制に合致した
イスラームの伝統（私市 2001, 11）が巧みに取り込まれていた。

　1962年憲法では，独立後の反王制勢力を意識し，国王の手にあらゆる権力
が集中した国家体制の基盤づくりを行ったといえる。この憲法では，モロッ
コは民主社会的王制（第1条）であり，主権は国民に属し，国民は直接的に
は国民投票，間接的には憲法上の諸制度によって主権を行使する（第2条）
と明記されている。しかし，首相を含むすべての閣僚の人事権を有するのは
国王である（第24条）と明記され，国王は「アミール・アル＝ムウミニーン」
（amīr al-mu'minīn，「信徒たちの長」の意）であり（後述），同時に「国民の最高
代表者，国家統合の象徴，国家の存在と継続の守護者」とされた。また，信
仰の擁護者であり，憲法尊重の守護者でもあった。さらに，国王は市民・共
同体・組織の権利と自由を守る責任を有し，国家独立を守り，国土防衛を保
障する者（第19条）でもあった。そして，緊急事態の際は，あらゆる状況で
の介入の権利が国王に保障されていた（第35条）。また，立法権は憲法上議
会に属していたが，実際は国王が介入助言することがたびたびあり，議会は
国王の諮問機関にすぎなかった。

　その後，モロッコの憲法は時代状況に応じて何度も改正が行われてきたが，
国王の地位，とりわけ宗教的に最高位の立場に関しては大きな変更は行われ
ていない。こうした立場から，イスラーム的な活動や慣習を国王自らが積極
的に奨励しているが[5]，一方で，宗教政党の禁止等，他の政治アクターによ
るイスラームの政治的利用は禁止されている。言い換えれば，イスラームの
利用を独占し，宗教的な絶対的権威を有する国王に，政治的な権限も集中し
ているのである。

　2．王権を支えるイスラーム的正統性

　西ヨーロッパ諸国による植民地支配以前，国家権力の弱体化に伴う聖者崇
敬やスーフィズム[6]などの民間信仰の発展は，他のマグリブ地域にもみられ

たことであるが，モロッコにおいては，マラブー[7]崇敬とシャリーフ崇敬の結合という特徴的な潮流が生まれた（私市 2004, 53-55）。

　モロッコでは歴史的に，聖者崇敬やスーフィズムが人びとの日常生活と深いかかわりをもっており，また政治的・社会的な混乱が起きるたびに，人びとは不安解消と救済を求めて聖者やスーフィーに期待するようになった。この流れは，国内におびただしい数の聖者の存在を生むこととなる。そして，これらの聖者が自らの権威の差異化をはかろうとしたとき，いくら努力しても超えられない「血統による聖性」が用いられた。それが「シャリーフ」という聖なる血統であった。この一族を「清浄なる者」「尊い者」として聖別視する考えは，すでにクルアーン（第33章33，第44章13など）のなかにもみられる。しかし，モロッコに特異な性格を与えたシャリーフ崇敬とマラブー崇敬の結合，つまりムハンマドの血統の者が聖者崇敬と結び付いて特別視されるようになったのは，同国のこの多元的な宗教勢力の存在が背景となっているのである。

　このようなシャリーフという概念が政治的に利用されるようになったのは，13世紀後半に誕生したマリーン朝以降のことである。この王朝はそれまでの王朝とちがい宗教運動を母体としておらず，説得的な支配の正統性を欠くという欠点があった。また，当時国内にはスーフィー教団を軸にした反対勢力があり，この脅威を抑える必要もあった（Waterbury 1970, 71）。これらふたつの理由から，支配の正統性獲得のための政策として，シャリーフの保護が推進された。マリーン朝の君主自身はシャリーフではなかったが，それ以降の諸王朝も巧みにシャリーフの血統を政治に利用するようになり，サアド朝以降の王朝から現在のアラウィー朝（1659年～）まで君主がシャリーフである「シャリーフ王朝」が続いている。

　では，このシャリーフという血統がどのような正統性をもたらすのか。ここで重要となるのが「バラカ」（恩寵）の概念である。つまり，シャリーフは，バラカを血統によって相続していることを意味する。国王の行幸のとき，歓迎の儀式で出される乳とナツメヤシの実に，国王は指を入れるか，軽く口を

つける。国王の接触によってバラカを含んだ乳は大地に注がれ，ナツメヤシの実は蒔かれる。これは，それらが豊穣をもたらすと信じられているからである。このように，シャリーフたちが自分の権威に聖性を与え，一族の血統によって聖性を伴う権威を支配しようをしたことから，シャリーフは聖者としても崇敬されるようになり（私市 1995, 55），この流れが現在まで引き継がれているのである。そして，こうした国王の聖なる血統とそれによって生じる宗教的権威は，君主制の在り方自体や憲法を否定し，現在も非合法の状態が続いているモロッコ最大のイスラーム主義組織「公正と慈善の集団」(Jamā‘a al-‘Adl wa al-Iḥsān/Justice et Bienfaisance)[8] も認めているものである (Daadaoui 2011, 52)。

　また，モロッコの国王は「アミール・アル＝ムウミニーン」という称号を名乗っている。アミール・アル＝ムウミニーンとは，歴史的にはイスラームの伝統的な主権者を意味するカリフ（ハリーファ）の称号であった。では，モロッコ国王が現在まで名目的であれアミール・アル＝ムウミニーンを名乗ることは，その権威や権力をどのように強化する働きを与えているのか。第１に，イスラームを国教とするモロッコでは，王制においてイスラームは中心に位置づけられており，イスラームの理念が体制を律することになる。そこで，アミール・アル＝ムウミニーンを名乗る国王は，イスラームの擁護の義務を負うことになるのである。そして，アミール・アル＝ムウミニーンである国王が血統上シャリーフであることは，その立場に神聖さを付与することになり，国王の政治的・宗教的な絶対的立場を揺るがないものとしている。そしてまた，国王がアミール・アル＝ムウミニーンを名乗ることにより，「バイア」の観念が生まれるのである。

第2節　バイアの儀礼

　イスラームにおいてバイアとは，一般的に，個人または一団の人びとがあ

る人の権威を認め，服従の意思を示す契約行為とされ，これを通じて，支配者は自身の政治権力の正当性や権威を示す（野口 2015, 436）。その手続きは，通常大きくふたつの儀礼に分かれ，王族，廷臣，軍事指導者などの王朝の中心人物が行う「貴顕のバイア」（bay'at al-khāṣṣa）と，一般民衆が忠誠を示す「民衆のバイア」（bay'at al-'āmma）からなる[9]。マグリブ地域では，イドリース朝（789～926年）や後ウマイヤ朝（756～1031年）からバイアが行われてきたとされている（Daadaoui 2011, 84）。歴史的には，新たに統治者が即位した時や，王朝が新たに領土を拡大した際にその土地の住民とのあいだでバイアが交わされていた。

　他のアラブ君主制諸国でも新たな国王が即位した際に行われるバイアではあるが，モロッコの特徴は，それが国王即位記念日に合わせて毎年実施され，君主－国民間の「忠誠の契約の更新」としてとらえられている点である。バイアの参加者やその人数，開催地に変更が加えられることはあっても，一通りの儀礼の流れは変わっていない。本節では，モロッコのバイア儀礼の詳細を検討する。

1．モロッコにおけるバイアの歴史

　現代モロッコのバイアに関する既存の研究では，その連続性，宗教性，歴史的伝統性が注目され，それが現在のモロッコ王制の支配の正統性を支えるひとつの役割を果たしていると論じられることが多い（Daadaoui 2011; Ḍarīf 1992; Hammoudi 1997; 白谷 2015）。しかし，バイア儀礼の執り行われ方の変遷やその構造を詳細に論じた研究は非常に少ない。また，マグリブ地域では8世紀頃から行われているといわれるそれとまったく同じ機能を果たしているとは考えにくい。とくに，君主－国民間の「忠誠の契約の更新」というモロッコのバイアの特徴を理解するためには，1934年まで歴史を遡る必要がある。

　1934年は，モロッコ王制においてバイアが毎年行われるようになった年である。モロッコは，1912年から1956年までフランスとスペインの分割保護領

であったが，アラウィー朝の王家が統治する政治体制は形式的だが存続した。
しかし，その社会は伝統的に地方の自立性が高く，地方の末端まで行き渡る
行政システムが生まれにくいという特徴をもっていた。そして，都市と農村
というこうした社会的な亀裂が，西ヨーロッパ諸国の介入の標的になったの
である。1912年にフランス保護領下に入ったモロッコでは，王朝の権威が完
全に弱体化し，地方統治者や部族長がさらに権力を増した。このような地方
の自治性に目をつけ，フランス当局が採用したのが「ベルベル勅令」[10]であ
った。イスラーム法の及ばないベルベル人の土地を，スルターンの支配から
フランスの直轄下におき，アラブとベルベルを分断する意図をもっていたこ
の勅令は，モロッコにおけるナショナリズム運動の活発化の主要な要因とな
る。このような状況に危機感を抱いたナショナリストらが，*al-maghrib*（雑
誌）や *L'action du peuple*（新聞）などを通じて，ムハンマド5世国王の即位
記念日を盛大に祝う記事を掲載した。こうしたメディアを通じた運動が動員
力を増していき，1934年の即位記念日から，ナショナリズムと結び付くかた
ちでバイアを毎年行うことになったのである。

　2．バイア儀礼の構造

　ではこうしたバイアが，実際どのように行われているのか。モロッコ国王
のバイアの儀礼は，2日にわたって行われる国王即位記念式典の締めの催し
物として位置づけられている。つまり，前国王ハサン2世統治期には，3月
3日に行われていたバイアは，1999年7月23日の前国王崩御を受けて王位を
継承した現国王ムハンマド6世期から，毎年7月30日となった[11]。この2日
間の記念式典は，基本的に，①招待客のレセプション（1日目昼頃），②国王
の演説（1日目夕方），③士官学校・訓練校で表彰された新人の士官らによる
宣誓表明式典（2日目午前），④バイアの儀礼（2日目夕方）という構成にな
っている。こうした一連の模様は，国営テレビやラジオ，衛星放送を通じて
即時放映される。

即位記念日の式典で最も重要視されているバイアだが，そのおもな参加者，言い換えれば国王と忠誠の誓いの契約を結ぶのは，全国各地の州・県の知事などの地方代表者であり，加えてイスラーム法学者や大臣，軍人，議員，公的セクターの高官が参加する。毎年4～5千人ほどが国王に忠誠を誓うために出席するが，軍人以外の参加者はモロッコの伝統的正装である白いジュッラーバ（jullāba）を着用する。彼らは王宮の広場に集まり，順番に宮殿の王に拝謁するのである。彼らは，幾重もの列をつくり，国王の到着を待つ。近年では，各国の大使や外交官も同式典に招待されている。

国王は，イスラームの伝統にのっとり，事前に準備された7頭の黒いアラブ種の馬から自身が乗る1頭を選び[12]，数十人のブハーリー（サアド朝以降のスルターンの親衛隊であった黒人奴隷）の子孫らに続くかたちで姿を現す。その隣には，選ばれなかった6頭の馬が行進する。国王は，白いケープ（selham）と白いジュッラーバをまとい，3世紀続いてきたアラウィー朝のシンボルとされる緑色の大きな日傘をさしかけたブハーリーが国王の横を歩く。国王は，列をなしている国民の代表者らから順番に忠誠の誓いの言葉を受けながら，ゆっくり進んでいく。参加者は，国王がその列の前に来たら5回お辞儀をし，国王への忠誠の誓いを述べる。

3．バイアの開催地

歴史的に，バイアは権力の中央である王朝の都，もしくは反乱分子の多い土地で行われていた。他方，現在のモロッコのバイアは，首都ラバトに加え，フェス，テトワン，マラケシュ，カサブランカなどの全国各地の王宮で執り行われる。ただ，これらの都市を毎年交代で回るというわけではなく，各年の開催地は宮内省によって前日に発表されるため，国民はその開催地を直前まで知ることができない。たとえば，アラブ政変が起きた2011年のバイアは，憲法改正によって国王の権力に若干ではあるが制限がかけられた直後に迎えた国王即位記念日であり，これまでの儀式の形式を継続させるのか否かとい

表6-1　独立以降のバイア開催地一覧

国王	年	回次	開催日	開催地	出来事
ムハンマド5世	1955	28	11月18日		
	1956	29	11月18日	ラバト	独立（3/2）
	1957	30	11月18日		称号がスルターンからマリクに
	1958	31	11月18日		
	1959	32	11月18日		
	1960	33	11月18日		
ハサン2世	1961		3月4日		ムハンマド5世死去（2/26）
	1962	1	3月4日		憲法制定
	1963	2	3月4日	ラバト	第1回国政選挙，アフリカ統一機構加盟，Sand War（10月）
	1964	3	3月4日		
	1965	4	3月4日	マラケシュ	戒厳令（6月），憲法停止
	1966	5	3月4日	フェス	
	1967	6	3月4日		
	1968	7	3月4日		
	1969	8	3月4日		スペインによるイフニ譲渡
	1970	9	3月4日		憲法改正（8月）・戒厳令解除，第2回国政選挙
	1971	10	3月4日	フェス	クーデター未遂（スヒラートの王宮，7/10）
	1972	11	3月4日	ラバト	憲法改正（2月），クーデター未遂（パリからテトワンに戻る飛行機，8/16）
	1973	12	3月4日	フェス	
	1974	13	3月4日	フェス	
	1975	14	3月4日	ラバト	緑の行進（11月）
	1976	15	3月4日	フェス	サハラ・アラブ民主共和国の独立宣言(2/27)
	1977	16	3月4日	マラケシュ	第3回国政選挙
	1978	17	3月4日	ラバト	
	1979	18	3月4日	ラバト	モーリタニアが西サハラの領有権放棄
	1980	19	3月4日	ダフラ	
	1981	20	3月4日		
	1982	21	3月4日	マラケシュ	
	1983	22	3月4日	フェス	補助金の大幅削減
	1984	23	3月4日	カサブランカ	大規模暴動，アフリカ統一機構脱退（6月），第4回国政選挙
	1985	24	3月4日	マラケシュ	
	1986	25	3月4日	マラケシュ	

第6章　モロッコ王制の安定性におけるバイア（忠誠の誓い）儀礼の役割　121

表6-1　つづき

国王	年	回次	開催日	開催地	出来事
ハサン2世（つづき）	1987	26	3月4日	ラバト	
	1988	27	3月4日	マラケシュ	
	1989	28	3月4日	マラケシュ	アラブ・マグリブ連合条約の調印（2/17）
	1990	29	3月4日	アガディール	
	1991	30	3月4日	ラバト	西サハラ停戦
	1992	31	3月4日	ラバト	憲法改正，第1回地方選挙
	1993	32	3月4日	ラバト	第5回国政選挙
	1994	33	3月4日	ラバト	
	1995	34	3月4日	ラバト	
	1996	35	3月4日	ラバト	憲法改正
	1997	36	3月4日	ラバト	第6回国政選挙，第2回地方選挙，地方行政区改正
	1998	37	3月4日	ラバト	USFPが政権獲得
ムハンマド6世	1999		7月23日	ラバト	ハサン2世死去（7/23）
	2000	1	7月30日	ラバト	
	2001	2	7月30日	テトワン（タンジェ）	アメリカ同時多発テロ事件
	2002	3	7月30日	テトワン（タンジェ）	第7回国政選挙
	2003	4	7月30日	ラバト	カサブランカのテロ，第3回地方選挙
	2004	5	7月30日	テトワン（タンジェ）	家族法改正
	2005	6	7月30日	テトワン（タンジェ）	
	2006	7	7月30日	ラバト	
	2007	8	7月30日	テトワン（タンジェ）	第8回国政選挙
	2008	9	7月30日	フェス	
	2009	10	7月30日	テトワン（タンジェ）	第4回地方選挙
	2010	11	7月30日	テトワン（タンジェ）	
	2011	12	7月30日	テトワン（タンジェ）	「アラブの春」，憲法改正，第9回国政選挙
	2012	13	7月30日	ラバト	PJDが政権獲得
	2013	14	7月30日	ラバト	
	2014	15	7月30日	ラバト	
	2015	16	7月30日	ラバト	第5回地方選挙

（出所）　モロッコの日刊紙 *al-'Alam*，*al-Anbā'*，*Le Matin*，*La Vigie marocaine* を参考に筆者作成。

（注）　開催地で空欄の箇所は不明。また，テトワンでバイアが行われた年は，即位記念式典1日目の催し物はタンジェで，バイアを含む2日目の催し物はテトワンで行われている。

122

う点で，大きな注目を集めた。当初は，即位記念日当日に大規模なデモや抗議活動が起きるのを危惧する国王が，こうしたデリケートな時期に首都を空けることはないという憶測から，ラバトでの開催がメディアによって予想されていたが，最終的には過去数年と同様に，同国北部のテトワン（タンジェ）で行われた。

　独立以降のバイアの開催地を表にまとめると，時代状況に応じて開催地として選択される都市にいくつかの傾向を読み取ることができる（表6-1）。独立直後のムハンマド5世期には，首都ラバトで行われていたバイアが，第2代国王のハサン2世が即位した1961年以降，全国各地の王宮で執り行われるようになった。ハサン2世期（1961〜1999年）の特徴は，①マラケシュやフェスなど，王朝国家としての歴史を象徴する都市での実施，②南部への強い関心，といえる。②に関しては，その時代に激化していた西サハラをめぐる領土問題を意識したものであろう。実際，モーリタニアが西サハラの領有権を放棄した翌1980年には，独立後モロッコで初めて西サハラのダフラ市でバイアが行われている。その後ムハンマド6世期（1999年〜）に入り，開催地の傾向は大きく変化した。ムハンマド6世は，首都ラバトと2008年のフェス以外では，テトワン（タンジェ）でしかバイアを行っていない。ハサン2世の統治下では，北部はいわば見捨てられてきた地域であり，西サハラ問題を中心に，体制側の関心は常に南部に向いていた。こうした背景もあり，北部地域の住民は政治的関心が低いといわれており，同地域では選挙においても投票率が全国平均に比べて低い。前国王期から一変した北部への関心は，独立後一貫して見捨てられてきた北部を取り込む必要性を感じていることを示唆している。

第3節　バイアの機能——ムハンマド6世期を中心に——

　これまでの分析を通じて，バイアの開催地は時代状況に応じて意識的に選

択されていることが明らかになった。では，いわゆる伝統的な儀礼であるバイアは，現代のモロッコの統治体制においてどのような機能を有しているのか。ここでは，ムハンマド6世期（1999年〜）を中心に，バイアの機能を考察する。

　上述のとおり，ムハンマド6世が強い関心を抱いているモロッコの北部は，歴史的には「反乱・反逆の地」と呼ばれていた。モロッコのほとんどの領土がフランスの保護国であった時期，モロッコ北部の海岸沿い300キロメートルにわたって広がるリーフ山地はスペインの保護領下に組み込まれていた。そこに暮らすベルベル系の諸部族は，1921年に住民自治の主張に基づいた独自の対スペイン民族解放戦争「リーフ戦争」[13]を起こし，スルターンの支配からも独立した「リーフ共和国」（1921〜1926年）を樹立した。

　リーフ共和国樹立の試みは短命に終わったが，この事実はモロッコの歴史に根深く刻まれていた。モロッコ独立を機に王立軍の総司令官となった当時皇太子のハサン2世は，独立直後から1959年にかけて，保護領期の北部地域住民の反体制的な立場を理由に，アルホセイマを中心としてリーフ地域で非情ともいえる弾圧を行い，多数の死者を出した。その後ハサン2世は，生涯一度も同地域に足を運ぶことはなかったといわれている。しかし，ハサン2世期の末には，西サハラ問題が一応の決着を向かえたこともあり，北部に向き合おうとする姿勢が垣間みえる。たとえば，1995年に国王はザヒールを出し，モロッコ北部の府（'imāla/préfecture）および県（iqlīm/province）における社会経済的な発展促進のため，「北部地域促進・開発機構」（Agence pour la Promotion et le Développement du Nord: APDN）を設立した。これは，地域開発を目的として設立されたモロッコで初めての組織であった。

　1999年に即位したムハンマド6世もこうした流れを引き継ぎ，その最初の公式訪問先として北部とオリエント（北東部）を選び，これらの地域の諸都市を数日かけて回った（*Jeune Afrique*, October 28, 2015）。その後の北部地域の発展はめざましい。とくに力が注がれたのが，交通網の整備である。モロッコ北部の地中海沿岸地域は，複雑な海岸線と南に位置する急峻なリーフ山脈

に挟まれた厳しい地理条件下にある。そこでの交通網の整備の遅れから，スペインとの距離が最短でわずか14キロという大きなメリットを生かせず，東西の端に位置するタンジェ，ウジダといった都市を除いて，北部地域は周囲から隔絶された状態が続いており，社会・経済開発の遅れがモロッコの長年の課題となっていた。新たな国王の指示でまず初めに着手されたのが，地中海沿いのタンジェからサイディアの東西507キロメートルを結ぶ「地中海道路」の建設（2012年完成）であり，続いてタウリルトとナドールを結ぶ鉄道（2009年完成），そしてアルホセイマには国際空港が建設（2006年完成）された。また，モロッコ第3の都市であるタンジェでは，地中海地域やヨーロッパ諸国との経済的な協調関係の強化を掲げたタンジェ・地中海港（le port de Tanger MED）が2007年に開港した。国王の北部地域への積極的な訪問やこうした急速な開発は，北部の地域住民に非常に好意的に受け止められている。ムハンマド6世は，上記のようなさまざまな計画を実行し，国王−北部地域住民間の不和や無関心，恨みという過去から，新たな1ページをめくるだけでなく，北部の人びとの評価と好感を得たのである（Hormat-Allah 2005, 313）。

　そして，モロッコ国民が最も重視する国家儀礼であるバイアの開催地として北部地域が選ばれるということは，先代の国王とは異なり，現国王が北部地域を好意的にとらえているという印象を地域住民に与え，さらなる国王への好感度と安心感を抱かせる。またバイアが実施されるということは，同地域住民が国王を自らの目で確認できる機会にもなる。独立以降一貫して見捨てられてきた北部の人びとにとって，国家の統治者である国王を直接見る機会はそれ以前にはなかったことであろう。加えて，全国各地の4〜5千人の代表者が訪れ，国王に忠誠を誓うというバイアの構造は，同地域の住民らに対して，自分たちが国家の一部を担っているというナショナル・アイデンティティを再確認させる機能をもつ。したがって，とりわけムハンマド6世即位後のバイアは，その壮大なスケールや伝統的・宗教的なシンボルの利用を通じて統治者の威厳を示す機能だけではなく，開催地の住民に対する国王の関心や好意を意識づけることにより，彼らを体制下に組み込む役割を果たして

いるといえる。現に，アラブ政変に際しても，テトワンやアルホセイマなど北部の諸都市でデモが実施されたが，他の地域と同様に，デモ隊が要求したのは「君主制」という枠内での国王の権限縮小や議会の解散，汚職撲滅などであり，過去には「反乱・反逆の地」と呼ばれていた北部地域でも，国王の存在や君主制そのものを批判する声は上がらなかった（*Jeune Afrique*, February 21, 2011）。

おわりに

　以上でみてきたとおり，モロッコではネイション・ビルディングの過程において，王権の宗教的正統性が近代国家の枠組みに巧みに組み込まれ，それらが王制の頑健性の要因の一端となっている。その背景には，モロッコの歴史的特異性，すなわち同地域の王朝支配の連続性と，伝統的マラブー崇敬に伴うシャリーフ崇敬であり，こうした特徴は，国王に対する国民の忠誠心を育みやすい土壌を与えたといえる。

　とくに，国民が国王に直接的に忠誠を示し，それが「忠誠の契約の更新」として毎年実施されるバイアの儀礼は，王朝国家としての歴史を国民間で共有し，愛国心やナショナル・アイデンティティを再確認する機能を有している。バイア儀礼の一部始終が国営メディアによって逐次放映され，国民の代表者によるものではあるものの，4〜5千人ほどが参加するその儀礼の壮大さは，すべての観察者を圧倒する。儀礼のなかには，国家の歴史的・伝統的，そして宗教的シンボルが至る所に散りばめられている。つまりモロッコにおけるバイアは，その王権の歴史的・宗教的正統性が最も可視的なかたちで提示される儀礼であり，時代状況に応じて場所を変えながら毎年「契約の更新」というかたちで繰り返されることは，国民に国王への忠誠心を植え付ける機能をもつといえる。また，独立以降のバイアの開催地の変遷は，その時々に王制が抱えていた政治的・社会的関心事を映し出している。第3節の

分析は，近年のバイアが，統治者の威厳を示す機能だけではなく，インフラ整備や地域の開発などと組み合わされて利用されることにより，開催地となる地域住民への関心や好意を示し，彼らを体制下に組み込む役割を果たしていることを明らかにしている。

　さらに，バイアを王権強化のための重要な政治行為に利用し得ることも指摘しておきたい。その好例が，新たな国王の最初のバイアでのシャリーフ血統の再確認であり，またアラブ政変後の新憲法の施行である。2011年初頭からアラブ全域を飲み込んだアラブ政変のうねりは，現国王ムハンマド6世にとって，即位以降最も危機的な状況を生んだ。しかしながら，国王自身が主導権を握って迅速に進めた諸改革は，憲法改正案への支持というかたちで，国民による君主制への評価を示した。憲法改正では，国民の要求を反映するかたちで，首相任命権や議会解散権など国王の政治的権限には若干の制限がかけられたものの，そこには曖昧な表現が多く残り，また国王の有する宗教的な絶対的権限に関しては，ほとんど修正が加えられていない。それにもかかわらず，投票率72％，そのうち98.5％が新憲法支持であったという結果は，国王主導の改革が成功したことを示している。

　そして，こうした一連の憲法改正作業の締めくくりに，バイアの儀礼が行われ，バイアの演説で国王によって新憲法の民主性と国民からの圧倒的支持が主張されたが（*Le Matin* N° 05/11, July 30, 2011），国王の権限に関する議論はその後一気に収束した。つまりこれは，国民投票とバイアが組み合わされて実施されることにより，国王－国民の臣従関係の証明が二重に行われたことを意味する。投票という近代的・民主的制度と，バイアという宗教的・歴史的儀礼によって，国民からの王制への支持を二重に受けることにより，その正統性も二重になる。独立以降の国家建設の過程における近代的政治制度とイスラーム的要素の積極的な融合は，こうしたかたちで現在まで存続しており，アラブ政変のような国家存続を揺るがしかねない状況に際して，その頑健性が再度証明されたのである。

〔注〕————————————————

(1) 預言者ムハンマドの直系子孫および一部の傍系親族に対する一般的尊称。
この語自体は「高貴な（もの）」を意味し，10世紀以降，ムハンマドの親族に
対する尊称としても使われるようになった。16世紀以降，サアド朝，アラウ
ィー朝と，シャリーフのみが君主となってきたモロッコでは，シャリーフの
血統，およびそれによってもたらされるバラカ（恩寵）が，王権の重要な要
素となっている。同国における王制とシャリーフ主義に関しては，Elahmadi
(2006)，Waterbury (1970)，Zeghal (2005)，私市 (2001; 2004) などを参照の
こと。

(2) しかし実際には，西マグリブを支配したイドリース朝以降の歴代王朝は，
シャリーフが統治する王朝ではなく，再度同地域をシャリーフが治めるよう
になるのは，16世紀初頭に興るサアド朝以降である。

(3) 「レンティア国家論」は，石油のような天然資源の輸出収入をおもな財源と
する政府は，財政基盤をもつ必要性が小さく，天然資源の売却による富を国
民に配分することで政治的不満や権利意識を眠らせ，非民主的体制を維持す
ると主張する。また，豊富な天然資源をもたない場合でも，産油国からの開
発援助や産油国の市場に労働力を輸出し，彼らの送金というかたちで，政府
はレントを得られるとし（半レンティア国家），モロッコに関しても，海外債
務が国内経済に占める割合が大きいため，これらが「レント」に当たると指
摘されている（Anderson 1987, 10）。しかし浜中（2008, 36）は，原油レントを
除く他のレントが，非民主体制の安定に貢献していないことを明らかにした
うえで，「『レンティア国家』概念の拡張には注意深くあらねばならない」と
指摘している。

(4) Herb は，支配家系（Dynasty）と君主制（Monarchy）が一体となり，君主
の親族，すなわち支配家系が君主と一体となって統治する湾岸産油国の政治
体制を「王朝君主制」（Dynastic Monarchy）と呼び，過去にアラブ世界に存在
していた他の君主制と区別した。Herb によれば，君主が単独で支配を行う場
合，支配体制が内部から崩れやすく，クーデターや革命が発生する危険を常
に伴うが，王朝君主制は内部からは決して崩れない。支配家系内部での権力
闘争が発生することがあっても，大臣職に代表される各種のポスト配分を通
じてこの闘争は解消されるからである。Herb の議論では，王朝君主制には分
類されない現存の君主制であるモロッコ，ヨルダン，オマーンに関して，実
際にはこれらの国で支配家系が君主とともに統治することはないが，支配家
系のメンバーが内閣のポストを得ることを禁止していないと説明する。その
ため，万が一支配体制内部で権力闘争が起こった場合には，王族メンバーに
政治的重要ポストを配分することができることから，王朝君主制を採用する
湾岸諸国同様に，その政治体制は頑健であると結論づけている。しかし，モ

ロッコにおいては，独立以降，支配家系内で権力闘争が起きたことはなく，現在まで王位の長子相続の原則が守られている。また，内閣に王族メンバーが登用されるという伝統もなく，2011年に施行された新憲法では，閣僚任免を首相が中心になって行うことが明記されたことからも，非常事態に際して支配家系への権力分配が行われる可能性は非常に低い。

(5) たとえば，社会における反イスラーム的行いの根絶，宗教に関するシンポジウムや講演会の主宰，全国各地でのモスクの建設，宗教学校やクルアーン学校への寄付など（Daadaoui 2011, 52）。

(6) イスラームにおいて内面を重視する思想・運動。神との合一（ファナー）を説く神秘主義をひとつの格とするため，「イスラーム神秘主義」と訳されることが多いが，スーフィズムとイスラーム神秘主義を一対一対応させることには，問題がある。スーフィズムは日常生活のなかでよりよく生きるための指針を示す側面も強く，必ずしも非日常性と結び付くとはいえないからである。

(7) マグリブおよび西アフリカのムスリム聖者を指す語。アラビア語を語源として造られたフランス語による呼称。マラブーは，神からバラカを与えられており，その印として，常人には不可能な奇跡や難病治癒を行えると信じられている。

(8) この組織の詳細については，Tozy（1999）や Zeghal（2005）などを参照のこと。

(9) *Encyclopaedia of Islam*, BAYʻA (by E. Tyan); *Maʻalamat al-Maghrib,* VI, bayʻa (by I. Ḥarakāt), pp. 1957-1958. 政治理論におけるバイアについては，アル＝マーワルディー（2006, 5-43）を参照。

(10) フランス保護領政府による，アラブとベルベルを分断統治するための法。フランス総督の指示に基づき，スルターンの勅令というかたちで公布された。第一次勅令（1914年9月11日）は，ベルベル人居住地にはイスラーム法でなく，ベルベル慣習法が適用されるとした。第二次勅令（1930年5月16日）では，ベルベル慣習法をフランスの法制度のなかに編入させた。勅令は，イスラーム法の及ばないベルベル人の土地を，スルターンの支配下からフランスの直轄下におき，アラブとベルベルを分断させる意図をもっていた。

(11) モロッコでは，国王崩御直後に行われる王位継承の際のバイアは，王朝の中心人物が行う「貴顕のバイア」であり，一般民衆が忠誠を行う「民衆のバイア」は，その翌年の即位記念日から開始される。

(12) 前国王ハサン2世期の末期に当たる1989年から1998年までは，国王は馬ではなく，装飾が施されたオープンカーに乗ってバイアに参加した。これは，国王が高齢となり，長距離の移動を避けるためであったと考えられる。

(13) 1921年から1926年に起きた，モロッコ北部リーフ地方の対スペイン民族解放戦争。

〔参考文献〕

＜日本語文献＞

アル＝マーワルディー 2006.（湯川武訳・社団法人日本イスラム協会協力）『統治の諸規則』 慶応義塾大学出版会.

私市正年 1995.「イスラームと政治体制——アルジェリアとモロッコの比較——」『イスラームと地域紛争』日本国際問題研究所 47-62.

――― 2001.「現代モロッコの国家体制と地方行政組織」伊能武次・松本弘編『現代中東の国家と地方（1）』日本国際問題研究所 1-28.

――― 2004.『北アフリカ・イスラーム主義運動の歴史』白水社.

白谷望 2014.「モロッコにおける権威主義体制持続のための新たな戦略——2011年国民議会選挙と名目的な政権交代——」『日本中東学会年報（AJAMES）』日本中東学会 30(1) 95-128.

――― 2015.『君主制と民主主義——モロッコの政治とイスラームの現代——』風響社.

野口舞子 2015.「ムラービト朝におけるバイアの変遷と統治の正当化」『東洋學報』96(4) 3月 411-436.

浜中新吾 2008.「中東諸国における権威主義体制の頑健性——体制変動への経路依存性アプローチによる考察——」『山形大学紀要（社会科学）』37(1) 35-51.

浜中新吾・白谷望 2015.「正統性をめぐるパズル——モロッコにおける君主制と議会政治——」『比較政治研究』1, 12月 1-19.

＜外国語文献＞

Anderson, Lisa 1987. "The State in the Middle East and North Africa," *Comparative Politics*, 20 (1) October: 1-18.

Beblawi, Hazem, and Giacomo Luciani 1987. *The Rentier State*, London and New York: Croom Helm.

Brumberg, Daniel 2002. "The Trap of Liberalized Autocracy," *Journal of Democracy*, 13 (4) October: 56-68.

Daadaoui, Mohamed 2011. *Moroccan Monarchy and the Islamist Challenge: Maintaining Makhzen Power*, New York: Palgrave Macmillan.

Ḍarīf, Muḥammad 1992. *al-Islām al-Siyāsa fī al-Maghrib*［モロッコにおける政治的イスラーム］, Casablanca: Al-Majalla al-Maghribiyya li ʻIlm al-Ijtimāʻ al-Siyāsī［モロッコ政治社会学雑誌出版社］.

Elahmadi, Mohsine 2006. *La monarchie et l'islam*, Casablanca: Ittisalat Salon.

Hammoudi, Abdellah 1997. *Master and Disciple: The Cultural Foundation of Moroccan Authoritarianism*, Chicago: University of Chicago Press.

Herb, Michael 1999. *All in the Family: Absolutism, Revolution, and Democracy in the Middle Eastern Monarchies*, Albany: State University of New York Press.

Hormat-Allah, Moussa 2005. *Le roi: Mohammed VI ou l'espoir d'une nation*, Rabat: Dar Nachr el Maârifa.

Richards, Alan, and John Waterbury 2013. *A Political Economy of the Middle East, Third edition*. Boulder: Westview Press.

Rouvillois, Frédéric, Ahmed Bouachik, and Charles Saint-Prot 2010. *Vers un modéle marocain de régionalisation*, Paris: CNRS éditions.

Tozy, Mohamed 1999. *Monarchie et islam politique au Maroc*, Paris: Presses de la Fondation nationales des sciences politiques.

Waterbury, John 1970. *The Commander of the Faithful: the Moroccan Political Elite: A Study in Segmented Politics*, London and New York: Weidenfeld and Nicolson, Columbia University Press.

Zeghal, Malika 2005. *Les islamistes marocains: le défi à la monarchie*. Paris: Découverte.

＜新聞・雑誌＞

al-'Alam (Casablanca)

al-Anbā' (Casablanca)

Actuel (Casablanca)

Jeune Afrique (http://www.jeuneafrique.com/)

La Vigie marocaine (Casablanca)

Le Matin (Casablanca)

Magharebia (http://magharebia.com/)

Maghrib al-Yaum (Casablanca)

al-Tajdīd (Rabat)

Telquel (Casablanca)

第 7 章

ヨルダン王制の安定性

――国王の権威を支える諸要素――

錦　田　愛　子

はじめに

　ヨルダン・ハーシム王国（以下，ヨルダン）は，中東で政治体制として君主制をとる国々のなかでもひときわ安定性が高く，長期政権の続く国家である。先代のフセイン国王（Ḥusayn ibn Ṭalāl）は，17歳で即位した1952年から1999年までの実に47年間にわたり治世を維持した。その間，隣接するパレスチナ／イスラエルでは3度の戦争が起き，イラクでもクーデターが起きて王制が倒れ，アメリカを中心とする多国籍軍とのあいだで湾岸戦争が起きたが，ヨルダンは安定を保った。その後を継いだ現国王アブドゥッラーII世（'Abd Allāh ibn Ḥusayn ibn Ṭalāl）も1999年の王位継承以後，2011年からの「アラブの春」による動乱期を乗り越え，本章脱稿時点（2016年）ですでに17年間，体制を維持している。建国から数えてもわずか4人の国王が，国家元首として地位を脅かされることなく統治してきた[1]。天然資源に恵まれず，歴史的な国家の淵源にも乏しい，国民のあいだでの同質性の低いヨルダンで，このように国家体制が長期にわたり維持されてきたのはなぜか。本章ではヨルダンにおける君主制の正統性に注目し，それを支える複数の要素に分けて検討を加える。

第 1 節　弱い君主制？

　本論に入る前に，本節ではまずヨルダンをめぐる概況について，理論的枠組みから整理しておきたい。君主制については，ハンティントンが「国王のジレンマ」のなかで，近代化とともに消え行くべき政治体制の形態として指摘していた（Huntington 1968）。だが実際には君主制はより柔軟性に富み，持続力があることが，中東・北アフリカの実例から示されている。これに対して，安易な中東例外論に陥らない理論化の試みは，すでに豊富に存在する。中東の君主制に注目した安定メカニズムの説明としては，代表例として，豊富なレント収入の配分により国民のあいだの不満を抑えるレンティア国家論（Beblawi 1987）や，王族内部での公職の分有でクーデターのリスクを減らすという王朝君主制論（Herb 1999）などがある。しかしヨルダンは原油の出ない非レンティア国家であり，国際援助など不安定な収入に依存した，弱い財政基盤しかもたない。公務は国王と王妃を中心とした一部の王族のみによって担われ，王族の人数も少なく公職を独占しているわけではない。実際の政治から普段は一歩引いた立場に身をおき，重要な場面でのみ介入するというリンチピン君主制論（Lucas 2004）は当てはまるものの，そもそもリンチピンな（要のみを押さえる）君主が，その限定的な役割にもかかわらず，なぜ支持を集めて体制を安定させることができるのか，という点について，この議論では十分な説明がなされていない。

　他方でヨルダンは，他の中東の君主制国家と比較しても，とりわけ脆弱な政治的背景や構造を抱えている。そもそもヨルダンという国家の枠組み自体，第一次世界大戦後のオスマン帝国解体の過程でイギリス委任統治領として設定されたもので，エジプトのように古くから人の住む一定の地域的一体性の実態に基づき国家が形成されたわけではなかった（Robins 2004, 5-15）。現在も維持されているシリア・イラクとの国境線沿いには居住人口も少なく，境界線の厳密な位置について必然性は乏しい。

王室を世襲するハーシム家もまた，ヨルダンの国土に古くから根ざした部族ではなかった。彼らは現在のサウジアラビアであるヒジャーズ地方から来た，この地域では歴史の浅い外来の部族である（Billingsley 2009, 120-123）。第一次世界大戦期にイギリスの先導下でオスマン帝国に対するアラブ大反乱を率いたハーシム家を中心とする部隊は，トランスヨルダンの主要拠点アカバ等を攻略するうえで，地元の部族の協力を必要とした。戦後の列強諸国による旧オスマン領分割において，ハーシム家のアブドゥッラーI世（'Abd Allāh ibn Ḥusayn ibn 'Ali）が代理統治者に選ばれたのは，彼がむしろ「強過ぎず，トランスヨルダンの住民ではなく，体制を維持するうえでイギリス政府の後ろ盾を必要とする人物」であったからにすぎない（Shlaim 2007, 14-15）。フランスの介入により打倒されつつあったシリアのアラブ政府の増援に向かおうとしていたアブドゥッラーは，こうして1921年，トランスヨルダン首長国の初代首長に任ぜられることになった。

　国家権力の正統性を保持するための政治的制度もヨルダンでは発達せず，むしろ建国後の早い段階で議会制民主主義の構築は停止されてしまった。アブドゥッラーI世初代国王の暗殺（1951年）に続き，クーデター未遂が起きると（1957年）[2]，これを受けてヨルダンでは1957年から1992年までのあいだ，政党活動が禁止された（Robins 2004, 94-102）。民主化改革を受けて1989年には実に22年ぶりに下院総選挙が行われるが，そこで最大勢力となったムスリム同胞団から閣僚が出ることはなかった（吉川 2007, 7, 90-115）。このように，建国後しばらくのあいだヨルダンでは政治活動が禁止されることとなり，その後も定着したとは言い難い。議会選挙はときおり行われるものの，そこでの得票も政党ごとの主義主張を戦わせるものとはなっていない。こうした民主的政治制度の機能不全は2011年の「アラブの春」で反発を招き，各地で抗議行動が起きた。

　上述のように，領土的一体性や，王室と住民のつながり，政治制度での民意の反映などが，いずれも確保されていない状態は，むしろ君主制の弱さを裏づける要素と考えられる。それにもかかわらず，ヨルダンで体制が比較的

安定を保つことができたのはなぜか。一見脆弱なはずのヨルダンの君主制が長期にわたり存続して来た理由を考えるうえで，本章では君主制の正統性（legitimacy）という要素に注目する。

　正統性に注目するのは，ヨルダンでは，トランスヨルダン系であるとパレスチナ系であるとにかかわらず，国民のあいだで国王や君主制に対する強い支持の存在が観察されるからである。とりわけ，後述のように国内のパレスチナ勢力への弾圧があった「黒い９月事件」（1970年）以後も，パレスチナ系のあいだでヨルダン王室への反発が定着しなかったことは特筆に価する。筆者が長期現地調査を行った2003〜2005年において，多くのパレスチナ系住民に対する聞き取り調査のなかで，ヨルダン国王を批判する声はほぼ皆無といえた。代わりに批判の対象とされたのは当時のワスフィ・アッ＝テル首相（Waṣfī al-Til）であった。地図上では首相の名がつけられた通りが，実際には市民のあいだでは「ガーデンズ通り」と呼ばれていることからも，その反感はうかがわれる。

　このような断片的な情報を除けば，体制の権威主義的性格の強い中東諸国において，民衆心理における支持の真意やその理由を，世論調査等で明らかにすることは難しい。代わりに本章では支持を「国民が君主制に正統性を感じている状態」と読み替え，それらの正統性の獲得が政策を通じて追求され，国民のあいだでそうした政策が支持を集める蓋然性が高いことを確認することをとおして，説明要因を探ることとする。

第２節　君主制を支える諸要素

　支配の正統性に関する古典的議論で，ウェーバーは支配のあり方として３つの類型（伝統的，合法的，カリスマ的）を挙げた。これらの類型は，対象となる社会の規模にかかわらず当てはまる要素と指摘されたものの，具体的に何をもってその必要要件とするかという点については明確な基準は示されて

いない（ウェーバー 1970; 2012）。また同一要素が異なる国において，同じ程度に正統性を担保する保障もない。むしろそれらは，各々の共同体や政体において異なる要素から構成されると考えるべきだろう。実際，モロッコにおける正統性の要素として，制度とその運営に反映された民主主義の存在を「コスメティック・デモクラシー」と挙げる議論もある（浜中・白谷 2015）。だが既述のとおり，ヨルダンでは民主的政治制度は長年機能しておらず，この要素は当てはまらない。

　本章ではヨルダンの君主制において，正統性を担保すると考えられる諸要素として，その歴史的経緯や制度面などから次の4点を取り上げる。

　　① 聖地エルサレムの管理権を握ることによる伝統的・イスラーム的権威
　　② 多様な国民を統合するための近代的ネイション・ビルディング
　　③ 立憲主義に基づく王権の法的規定
　　④ 最高権力の象徴としての国王のカリスマ

　いうまでもなくこれらは，ウェーバーによる支配の3類型に関連づけて整理されたものである。それに加えて，被治者の側をまとめあげる装置として，ネイション・ビルディングを構成要素として挙げた。以下ではこれらの要素について，それぞれ検討を加えていく。

1．聖地管理権とヨルダン君主の伝統的・イスラーム的権威

　エルサレムはイスラーム教とキリスト教，およびイスラエルの主要宗教であるユダヤ教のいずれにとっても聖地とされる場所である。現在のエルサレム市の中心部には，オリーブ山にあるキリスト教の諸教会，ダビデ王の墓，最後の晩餐の部屋，等々宗教的史跡が数多く存在する。エルサレム旧市街のなかには，聖墳墓教会や，ヴィアドロローサ，シナゴーグ跡地などとくに宗教的に重要な場所が多い。だがなんといってもその中核をなすのは，旧市街

内部にあるユダヤとイスラームの係争地ハラム・アッシャリーフ（ユダヤ側の名称は「神殿の丘」）であろう[3]。

　サウジアラビアにあるマッカとマディーナに続き，イスラーム教第3の聖地とされるエルサレムのハラム・アッシャリーフは現在，ヨルダンのワクフ・イ ス ラ ー ム 宗 務 省（Wizāra al-Awqāf wa al-Shu'ūn wa al-Muqaddasāt al-Islāmīya: 以下，ワクフ省）管轄下にある[4]。そのため，ユダヤ人の無断でのハラム・アッシャリーフ立ち入りや，それに挑発された衝突など，問題が起きた場合に，政治レベルでイスラエル側とのあいだで協議にあたるのはヨルダン政府である。両国にとって聖地管理は重要な問題であるため，イスラエル首相に対してヨルダン国王自身が交渉に臨む様子がしばしば報道される。

　地理的に離れ，日常的な衝突がパレスチナ人とイスラエル人とのあいだで起きるハラム・アッシャリーフについて，なぜ隣国のヨルダンが管轄権をもつのか。そこには歴史的経緯の存在が指摘される。第一次世界大戦後，イギリスの委任統治下におかれていたエルサレムは，1948年にイスラエル建国をめぐるアラブ軍とユダヤ民兵間の衝突の末（第一次中東戦争），東西に分割された。西エルサレムはイスラエルの支配領域となり，東エルサレムは聖地のある旧市街全体を含めてヨルダンの統治下に入った。その背景には，開戦前にユダヤ機関政治局長のゴルダ・メイール（Golda Meir）とアブドゥッラーI世国王のあいだで交わされていた，パレスチナ分割の密約があった（Shlaim 1988, 122-159; 2007, 28）。ヨルダンは同年末にエリコで会議を開き，親ハーシム王家派のパレスチナ人名望家から「ヨルダン・西岸・エルサレム旧市街の立憲的連合」への合意を取り付けた。これに従い，東エルサレムを含む西岸全体は，法的・政治的にヨルダン国家に併合されることとなる。

　だがその後，1967年に起きた第三次中東戦争は，西岸と東エルサレムをイスラエルの実効支配下に入れ，ヨルダンから奪った。フセイン国王は敗戦演説で，失われた土地を彼自身の「家族」にとっての損失でもあると語った。その背景には，彼がアラブ大反乱の時代にこの土地を与えられたハーシム家の後裔であるという歴史的正統性を強調する意図があったとみられる（Shlaim 2007, 253)。またエルサレムの管理権を握ることは，イスラームの預言者ムハンマド直系の子孫であるとの宗教的権威を誇るハーシム王家にとって[5]，統治の宗教的正統性を司る重要な象徴であり，権威の源泉（resource）でもあった。

　衝突の再燃を防ぐため，エルサレムのワクフに対するヨルダンの管理権はその後も保持された。1994年にイスラエル・ヨルダン平和条約が結ばれると，エルサレムの聖地管理権については，以下のように定められた。条文の表現は，まさにヨルダンの伝統的・イスラーム的な統治の正統性を裏づけるものといえよう。

　　第9条（歴史的宗教的重要性と宗教間関係［Interfaith Relations］にかかわる
　　　　　場所）[6]
　　　第1項　関係者は各々宗教的歴史的に重要な場所への接近の自由を与
　　　　　　える。
　　　第2項　前項の目的を果たすため，ワシントン宣言に従い，イスラエ
　　　　　　ルはヨルダン・ハーシム王国がエルサレムのイスラーム教徒の
　　　　　　聖なる神殿において現在もつ特別な役割を尊重する。最終地位
　　　　　　をめぐり交渉する際には，イスラエルはこれらの神殿における
　　　　　　ヨルダンの歴史的な役割に対して優先権を与える。〔後略〕

　この規定は本章脱稿現在でも有効であり，ハラム・アッシャリーフ侵犯をめぐる政治的駆け引きに使われている。近年の動きとしては，2014年10月半ば頃より，ハラム・アッシャリーフでのムスリムの礼拝制限（年齢と日付による），ユダヤ人の同地への訪問規制の撤廃法制化へ向けた動き，右派のイスラエル閣僚の同地への訪問，などが始まり，緊張が高まった。これに対してヨルダンは，11月5日に駐イスラエル・ヨルダン大使ワリード・オベイダート（Walīd 'Ubaydāt）を召還し，強い抗議姿勢を示した。

こうした動きは，同年夏に 1 カ月以上続き，総計2000人以上の死者が出た
ガザ戦争の時には，ヨルダンが同様の抗議を示さなかったことと比較すると，
エルサレム問題のもつ重要性を改めて示すものといえる（*al-Monitor,* November 6, 2014）。2015年秋にエルサレムから始まったイスラエル・パレスチナ間
の衝突（一部ではエルサレム・インティファーダとも呼ばれる）でもやはり，事
態の収拾に向けて動いたのはヨルダンだった。アブドゥッラーⅡ世国王は，
ベンヤミン・ネタニヤフ（Binyamin Netanyahu）イスラエル首相やジョン・ケ
リー（John Kerry）米国務長官などと直接協議に当たり，10月時点でハラム・
アッシャリーフ内への監視カメラの設置等の対応措置を決めた（*Jordan Times,* October 26, 2015; *Ha'aretz,* October 27, 2015）。

こうしたヨルダン王室主導の聖地管理は，これまでのところ西岸在住のパ
レスチナ人のあいだでも支持されているようである。イスラエル領内で勢力
を伸ばすパレスチナ系のイスラーム運動の指導者らも，ハラム・アッシャ
リーフ内におけるワクフ省を中心としたヨルダンの主権を否定はしていない
（山本 2017, 166）。同様にヨルダン国内でも，パレスチナ系を含めた国民のあ
いだで，こうした「主権」の行使に対する否定の動きは起きていない。ヨル
ダンの職能団体が1994年以降，イスラエルとの和平条約の破棄や断交を訴え
続けていることからも，ヨルダン国民のあいだで東エルサレムへの主権意識
は強く，聖地管理をめぐるヨルダン政府の施策は支持を得ていると推察する
ことができる。

2．「ヨルダン人」としての近代的ネイション・ビルディング

既述のようにヨルダンは，トランスヨルダンを領土，その土地の住民を国
民の基礎として，国造りを始めた。オスマン帝国統治下の同地域の住民は，
ベドウィン，半ベドウィン，都市住民や農民を含む定住民だった（北
澤 1993, 145）。第一次中東戦争が起きると，そこに10万人以上のパレスチナ
からの難民が流れ込んだ（Boqai and Rampel 2004, 50）。戦争で故郷を追われた

人びとは，パレスチナ人としてのアイデンティティを強く抱き，それは彼らのヨルダン国内での居住が長期化した後も続いた。1950年4月，ヨルダン議会での議決により，西岸が東岸に公式に併合されると，ヨルダン川の東岸および西岸と東エルサレム在住の20万人以上のパレスチナ人全員に対して，ヨルダン政府は国籍を付与した。これによりヨルダン国民の人口は倍増し，国内には主としてトランスヨルダン系とパレスチナ系という異なる出自の人びとが国民として含まれることになった[7]。両者はともにアラブだが，このほかにもヨルダンには民族的にはチェルケス系，宗教的にはシーア派やキリスト教徒など，さまざまな少数派が住む。こうした人口構成は，国家主導によるネイション・ビルディングの試みを必要とした。

　ヨルダンにおけるナショナリズムは必然的に近代的な性格を帯びた。それはヨルダンが，列強諸国による分割と近代技術の導入過程で成立した国家であり，多様な住民のあいだで共有される伝統に欠けていたためである。伝統に基盤をおくようにみえる君主制国家においても，近代化は実際のところ，官僚制の制度化などにより，正統性の付与において大きな役割を果たした（Hudson 1977, 165）。またイデオロギー面での国家統一を図るため，1960年代まではトランスヨルダンとパレスチナを架橋しつつ，ヨルダン・アイデンティティと並存し得るものとして，上位概念のアラブ・ナショナリズムが唱えられた。しかしそれも，第三次中東戦争でのアラブ連合軍敗退後は勢いを失っていった（錦田 2010, 37-40）。

　不用意なナショナル・アイデンティティの促進は，むしろ危険でもあった。対イスラエル抵抗運動の拠点としてPLO（パレスチナ解放機構）がヨルダン国内で国家内国家の状態を形成し，衝突が起きた（1970年「黒い9月事件」）直後，ヨルダンでは排他的なトランスヨルダン・ナショナリズムが盛り上がった（Abu-Odeh 1999, 257-258）。国民の過半数をパレスチナ系が占めると噂されるなか，こうした対立は，国を二分しないまでも，両者を一国として統合する体制を脅かす恐れがあった。新たな方策として，アブドゥッラー II 世国王は，即位の直後から「ヨルダン第一主義」（al-Urdunn awwalan）など一連

の国家主導のキャンペーンを実施し，介入の可能性のある外部勢力の排除と国内の統合を図った（Ryan 2004, 55-57）。こうしたキャンペーンは，一部パレスチナ人のあいだで反発を招いたものの，大きな反対運動は起きていない。

人の移入は2000年以降も続き，ヨルダンは国民以外の居住者を大規模に抱え込むこととなった。2003～2011年のイラク戦争ではイラクから，2011年に始まる「アラブの春」以降はシリアからの難民が数十万人規模でヨルダンへ押し寄せ，長期滞在の住民となった。2016年1月末の時点でヨルダン人口は900万人を超えたが，そのうち実に約3割を占める290万人は，ヨルダン国籍をもたない長期滞在者だった。その半数近い126万人はシリア人である（*Jordan Times,* January 30, 2016）。こうした状況は住民のあいだでのナショナルな統合を困難にするばかりでなく，労働市場で国民の仕事が奪われるなど経済的な不満を高め，政治状況を不安定にさせる可能性が指摘される。これら予想される批判をかわすため，ヨルダン政府はイラク難民，シリア難民に対して国籍を与える政策をとっていない。彼らは一時的な滞在者と位置づけられ，むしろ国際社会から受入国であるヨルダン自体への援助を引き出す取引材料として利用されている（今井 2014）。

3．立憲主義と王権

国家形成の過程で，伝統的・近代的モデルの利用により正統性の確保が試みられる一方で，立憲主義もまた王室の権威を高めるうえで役立つ（Billingsley 2009, 92-96）。国王の保持する権力について規則を明文化することで，法的裏づけを強調することができるからである。

ヨルダンの憲法は，立憲君主制であることを第1条で定めている。国王は国家元首と明示され（第30条），立法権，行政権，司法権の三権それぞれに対して影響力をもつ（第25，26，27条）。国王は憲法上，首相を任命，解任し，辞任を認める権力を認められており（第35条），これに基づき実際に首相は頻繁に交代させられる。とくに抗議行動が頻発したり，国民のあいだの不満

が高まったりした場合，責任をとり地位を追われるのは国王ではなく常に首相であった。国王の暗殺未遂が起きた1957年には3人の首相が交代させられ，「黒い9月事件」のあった1970年には4人が，「アラブの春」の起きた2011年には2人の首相が地位を追われた[8]（表7-1参照）。権限を利用した頻繁な首相交代は，あくまで慣行だが，こうした再編成（reshuffling）戦略は，「個々のエリートが自立可能で国王の掌握する権限を越えた恩顧ネットワークを構築するのを防ぐ」（Bank and Schlumberger 2004, 39）。他方で，ヨルダン国内の抗議行動で王制打倒を掲げたものは極めて少ない[9]。

　国王の特権的権力行使を定めた，法規の存在も重要である。国王は，首相および関連省の大臣の連署のもとに，独自に王令を出すことができる（第40条）。また，暫定法（qawānīn muʾaqqata）の利用により，議会の閉会中でも国王の承認のもと閣議決定を法的執行力のあるかたちで出すことができる（第94条）。実際にこれを使った例としては，1986年選挙法第25号修正案があげられ，これによって議会選挙はそれまでの複数投票制をとりやめ，単票制（1人1票制度）を導入した。これは選挙制度上も重要な改革であり，その結果は現在に至るまで議論を呼んでいる。

　こうした権力をもつ王位に誰がつくかという点に関して，憲法では第28条で王位継承の規則を定めている。男子直系の世襲制であるほか，国王に男子がいなかった場合は弟へ地位が引き継がれることなど，詳細な規則は全13項目にわたる[10]。これらの規定は，国王の地位そのものが法的に正統に継承さ

表7-1　「アラブの春」後のヨルダン首相交代

就任時期	退任時期	代	首相名
2009年12月14日	2011年2月9日	59	サミール・アル＝リファーイー
2011年2月9日	2011年10月24日	60	マアルーフ・アル＝バヒート
2011年10月24日	2012年5月2日	61	アウン・シャウカト・アル＝ハサーウネ
2012年5月2日	2012年10月11日	62	ファーイズ・アル＝タラーウネ
2012年10月11日	2016年6月1日	63	アブドゥッラー・アル＝ナスール
2016年6月1日	―（現在）	64	ハーニー・アル＝ムルキー

（出所）　筆者作成。

142

れていることを立証するうえで，重要な位置づけを占める。

「アラブの春」ではチュニジアやエジプトでの体制崩壊の余波を受けて，ヨルダン国内でも抗議デモが起きたが，その際の事態の収拾も，憲法の改正という手段が用いられた。2011年3月，国民対話委員会が発足して改革内容の検討を始めると，4月に憲法改正のための王立委員会が設立された。委員会は内閣に改革案を提示し，それらに基づき議会で憲法改正が議論され，10月には憲法改正が発表された[11]。こうした憲法を含む法改正の努力には，国家体制の法的正統性を強調し，権力行使の手段を法的に担保しようとの意図がうかがわれる。これらの施策が功を奏してか，ヨルダンにおける抗議デモは大きな政変には結び付かず，早期に終息することとなった。

4．最高権力の象徴としての国王

ヨルダンは王朝君主制をとらないため，権力は国王個人に集中されている（Billingsley 2009, 126-128）。そのことは，国王個人が国民に与える印象が重要な鍵を握ることを意味する。

ヨルダン国内において国王は，写真が各省庁の建物入口に掲げられ，地方や組織への視察が日刊紙のトップを常に飾るなど，日常的にその存在が顕示されている。これは国民に君主像を植え付けると同時に，畏敬の念を抱かせるための基本的な装置として働く。強くて親密な国王，国父，というイメージ形成がそこでは試みられている。

これに対して，ヨルダン国王はまたリンチピン君主として，政治の日常業務ではなく，肝心な場面でのみ姿を現し，民心をつかむ存在である（Lucas 2004）。2015年2月に，対「イスラーム国」有志連合軍での捕虜となり焼殺されたムアーズ・アル＝カサースベ中尉（Muʿādh Ṣāfī al-Kasāsbah）の殺害報道後，アブドゥッラーII世国王自らが初めてテレビに登場して弔意を述べたのはその演出の一環といえるだろう（錦田 2015）。中尉の拘束事件については，焼殺が明らかになるまで一貫して情報相が対応に当たっていた。それが

殺害の様子が報道されると一部の国民が激高し，カサースベ部族が集まった集会所では「国王出てこい」と叫ぶ群衆の様子が一部で報じられた。こうした事態に早急に対応するため，国王は国民に対して直接語りかけ，報復に最高司令官として即座に対「イスラーム国」戦に軍を出動させることで，民心を裏切らない国王イメージの創出を図った。「殉教者ムアーズ作戦」は，中尉の殺害が公表された翌日から連日遂行され，決行に際しては，国王自らも戦闘機に乗って出撃するかのような報道もなされた[12]。

　国王の死去や即位も，国威の発揚という点では重要な機会といえる。先代フセイン国王の葬儀（1999年）は，48年間続いたヨルダン君主制の安定性を示す儀式であり，ヨルダン国家の活力を示すため，「時代に残る葬儀」(Jana-za al-‘Aṣr) として報道された（Podeh 2011, 192)。またそれに続くアブドゥッラーII世国王の即位では，彼自身のイメージに合った西洋的な祭典が催された。フセイン国王がその長期の治世のあいだ，波乱の多い地域で国の安定を保ったという実績は，そもそもが権威の裏づけとなり得るものだが，それに加えて最高権力の象徴として国王を演出することもまた，カリスマ性を利用した統治の正統化として有効な手段だといえるだろう。

　　おわりに

　本章ではヨルダン君主制を支えるうえで，4つの要素が正統性の基盤として機能する様子を検討した。これらはヨルダン独自の地理的・政治的背景に基づいており，相互に密接に関連し合っている。たとえば，第1点の伝統的・イスラーム的権威は，第2点に挙げたトランスヨルダン系とパレスチナ系の住民を統合するうえでも重要な役割を果たす。第4点のカリスマ的支配は，第3点の法制化により国王が正統化されていればこそ，より有効に機能するといえるだろう。すなわち，これらの要素は相互依存的・補完的に国王の権威の源泉（resource) として機能しているのである。

144

　上記の要素はそれぞれ，当然ながらより深く追究される余地のあるものだが，紙幅の関係で本章では要点を示すにとどめた。ヨルダンにおけるネイション・ビルディングの過程などは，それのみでも多くの論考が示されているが，ここではそれが君主制の安定を維持するうえでどのように機能するのかという点だけに注目している。

　クーデターや政変など，個別の政治的現象に注目するのではなく，一国の統治体制全体についてその安定性を論じることには，比較政治上，一定の意義があると考えられる。とはいえ，各国王の個性や時代背景の差により，安定性を支えるうえで必要な要素が異なることも考えられる。安定の度合いを評価する際にも，それを促した要因について過度な一般化は避けるべきだろう。これらの点については，より詳細な議論が求められるが，別稿に譲ることにしたい。

〔注〕————————————————

⑴　それぞれの国王の治世年数は次のとおり。アブドゥッラーI世（1921［1946］～1951），タラール（1951~1952），フセイン（1952~1999），アブドゥッラーII世（1999年～現在に至る）。

⑵　アラブ民族主義を掲げて民衆から強い支持を得たスレイマーン・アン＝ナーブルスィー（Sulaymān an-Nāblusī：国家社会主義党党首，当時の首相）を旗頭に担ぐクーデター未遂が起こり，国王はヨルダン全土で18カ月の戒厳令を敷き，全政党を解散させた。

⑶　イスラーム教にとっては，預言者ムハンマドが昇天したとされる岩を内包する黄金のドーム，アル＝アクサー・モスクが含まれる場所である。ユダヤ教にとっては，アブラハムが息子イサクを神に生贄に捧げようとしたとされる岩と，それを基礎にかつて第二神殿が築かれたが，ローマ軍に破壊されたとされる場所である。

⑷　公式ウェブサイトは，http://www.awqaf.gov.jo/（アラビア語のみ，2016年1月25日最終閲覧）。

⑸　現国王のアブドゥッラーII世はその公式ウェブサイトで，預言者ムハンマド直系（ハーシム王家）の第41代を自任している（http://kingabdullah.jo/index.php/en_US/pages/view/id/148.html，2016年1月25日最終閲覧）。

⑹　筆者訳。英語版全文は，http://www.kinghussein.gov.jo/peacetreaty.html（2016

第 7 章　ヨルダン王制の安定性　145

年 1 月20日最終閲覧)。

⑺　ヨルダン国内の住民におけるヨルダン系とパレスチナ系の人口比は，国民
　　統合の観点から公式統計には一切明示されない。唯一の例外は，第三次中東
　　戦争（1967年）でガザ地区からヨルダンへ移動したガザ難民であり，彼らは
　　無国籍のパレスチナ出身者であるため「パレスチナ人」としてヨルダンの人
　　口統計に計上される。それ以前に移動し，ヨルダン国籍を取得したパレスチ
　　ナ人はそこに含まれていない。

⑻　1946年の独立後，歴代国王は 4 人であるが，歴代首相の数は多く（再任を
　　含める），2016年 6 月 1 日に着任した現首相ハーニー・アル＝ムルキー（Hānī
　　al-Mulqī）は第64代首相である（2017年 8 月時点）。

⑼　例外として，「アラブの春」の初期である2011年 2 月に起きたラーニヤ王妃
　　批判が挙げられる。事件をめぐる詳細については拙稿参照（錦田 2011）。

⑽　1965年 4 月 1 日の修正で「長子相続」を規定（官報1831号）。英語版憲法全
　　文は http://www.kinghussein.gov.jo/constitution_jo.html（2016年 1 月20日最終閲
　　覧）を参照。

⑾　2011年10月 1 日の改正（官報5117号）。

⑿　Ma'an "Malik al-Urdunn sayatīr bi-nafsihi li-ḍarab maqarrātun "Dā'sh" *Ma'an*,
　　February 5, 2015. 実際にはこれは誤報で，国王自身は対イスラーム国作戦には
　　参加していない。だがアブドゥッラーII世国王はイギリスのサンドハースト
　　王立士官学校の出身で，実戦経験もあるため，現実味のある噂を流すことで，
　　国民のあいだで求心力を得ようとした可能性も考えられる。

〔参考文献〕

＜日本語文献＞

今井静 2014.「ヨルダンにおけるシリア難民受入の展開──外交戦略としての国
　　　際レジームへの接近をめぐって──」『国際政治』(178) 11月　44-57.

ウェーバー，マックス 1970.（世良晃志郎訳）『支配の諸類型』創文社.

──── 2012.（濱嶋朗訳）『権力と支配』講談社.

北澤義之 1993.「ヨルダンの『国民』形成──トランスヨルダン成立期を中心に
　　　して──」酒井啓子編『国家・部族・アイデンティティー──アラブ社会
　　　の国民形成──』アジア経済研究所 143-186.

吉川卓郎 2007.『イスラーム政治と国民国家──エジプト・ヨルダンにおけるム
　　　スリム同胞団の戦略──』ナカニシヤ出版.

錦田愛子 2010.『ディアスポラのパレスチナ人──「故郷（ワタン）」とナショナ

146

ル・アイデンティティ──』有信堂高文社.

─── 2011.「ヨルダン・ハーシム王国におけるアラブ大変動の影響──内政と
外交にかかわる政治・社会構造および直面する課題──」酒井啓子編
『＜アラブ大変動＞を読む──民衆革命のゆくえ──』東京外国語大学出版
会 159-182.

─── 2015.「イスラーム国人質事件から見るヨルダン国家安定のメカニズム」
アジア経済研究所　中間報告書.

浜中新吾・白谷望 2015.「正統性をめぐるパズル──モロッコにおける君主制と
議会政治──」『比較政治研究』1, 12月　1-19.

山本健介 2017.「オスロ合意以降のエルサレム問題と聖地──イスラエル領内に
おけるイスラーム運動の活性化──」『イスラーム世界研究』10, 3月
152-176.

＜英語文献＞

Abu-Odeh, Adnan 1999. *Jordanians, Palestinians, & the Hashemite Kingdom in the Middle East Peace Process,* Washington D.C.: United States Institute of Peace Press.

Bank, Andre, and Oliver Schlumberger 2004. "Jordan: Between Regime Survival and Economic Reform." In *Arab Elites: Negotiating the Politics of Change*, edited by Volker Perthes, Boulder and London: Lynne Rienner Publishers 35-60.

Beblawi, Hazem 1987. "The Rentier State in the Arab World." In *The Rentier State,* edited by Hazem Beblawi and Giacomo Luciani, London and New York: Croom Helm, 49-62.

Billingsley, A. J. 2009. *Political Succession in the Arab World: Constitutions, Family Loyalties and Islam*, London: Routledge.

Boqai, Nihad, and Terry Rampel eds. 2004. *Survey of Palestinian Refugees and Internally Displaced Persons 2003*, Bethlehem: BADIL Resource Center for Palestinian Residency and Refugee Right.

Herb, Michael 1999. *All in the Family: Absolutism, Revolution, and Democracy in the Middle Eastern Monarchies*, Albany: State University of New York Press.

Hudson, Michael C. 1977. *Arab Politics: The Search for Legitimacy*, New Heaven: Yale University Press.

Huntington, Samuel P. 1968. *Political Order in Changing Societies*, New Heaven: Yale University Press.

Lucas, Russell E. 2004. "Monarchical Authoritarianism: Survival and Political Liberalization in a Middle Eastern Regime Type." *International Journal of Middle East Studies,* 36 (1) February: 103-119.

Podeh, Elie 2011. *The Politics of National Celebrations in the Arab Middle East*, Cambridge: Cambridge University Press.

Robins, Philip 2004. *A History of Jordan*, Cambridge: Cambridge University Press.

Ryan, Curtis R. 2004. "'Jordan First': Jordan's Inter-Arab Relations and Foreign Policy under King Abudullah II." *Arab Studies Quarterly,* 26 (3) Summer: 43-62.

Shlaim, Avi 1988. *Collusion Across the Jordan: King Abdullah, the Zionist Movement, and the Partition of Palestine*, Oxford: Oxford University Press.

——— 2007. *Lion of Jordan: the life of King Hussein in war and peace*, New York: Vintage Books.

＜新聞・雑誌＞

Ha'aretz

Jordan Times

al-Monitor

第8章

サウジアラビアの聖地管理と再開発

石 黒 大 岳

はじめに

　現在のサウジアラビア王国（以下，サウジアラビア）は，19世紀末から20
世紀初頭にかけて，アブドゥルアジーズ・イブン・サウード（ʿAbd al-ʿAzīz
bin ʿAbd al-Raḥman bin Fayṣal Āl Saʿūd：以下，アブドゥルアジーズ）がサウード
王朝を再興し，アラビア半島中央部に割拠する部族勢力を征服・糾合するか
たちで成立した。サウジアラビアは，サウード家による征服王朝であり，国
家建設の過程で厳格な宗教解釈に立脚するワッハーブ派の宣教活動を保護し
奉じる立場をとったことが統治の正統性（legitimacy）の源泉となっている
（中田 1995）。すなわち，統治者であるサウード家がその正統性として依拠す
るところは，18世紀に発生したワッハーブ派の宣教活動との政教盟約[1]に基
づく正統なイスラーム国家の守護者であり，世界中のムスリムが巡礼に訪れ
るマッカ（メッカ）とマディーナ（メディナ）の二聖都の守護者という位置
づけである。とくに後者については，1986年にファハド国王（Fahd bin ʿAbd
al-ʿAzīz Āl Saʿūd，第5代，在位：1982〜2005年）が，称号として「二聖都の守
護者」（Khādim al-Ḥaramayn al-Sharīfayn）を用い始めたことによって，より重
きをおかれている（森 2014）。サウード家による統治の正統性と国王の権威
は，ウェーバーの支配の正統性の3類型に照らし合わせると，伝統的支配に
位置づけられる[2]。

サウード家による伝統的支配に基づく統治の正統性は，サウジアラビアの近代化による社会の変化や，過激派による挑戦，2011年の「アラブの春」と称されたアラブ諸国における政治変動の影響を受けて揺らぐ場面もみられたが，国民は表立った体制打倒の動きをみせておらず，おおむねサウード家による統治を受け入れているとみることができる。1950～1960年代に立憲君主制の樹立をめざした自由プリンス運動[3]や1990年代以降に政治改革を求めた活動家や知識人による国王への建白書の上呈など，政治的な改革要求運動はあったが，いずれも体制内での改革を求めるものであった（Kéchichian 2013, 159-187）。これらの改革要求に対し，国王側は統治基本法の制定や任命制の諮問評議会を設置し，政府の意思決定過程の制度化に取り組んだが，国民の政治参加の拡大には程遠く，合法的支配としての正統性を担保するチャンネルとはなり得ていない（コーデスマン 2012, 186-196）。

経済的な資源配分に関しては，サウジアラビアは石油産業の隆盛とともに近代化が進み，1970年代後半には石油収入を元手に国民に教育や医療・福祉，その他公共サービスをほぼ無償で提供する高福祉国家を実現させた。また，レントの配分に加え，エリート間での権力分有によって，体制の安定性を確立させた（Stenslie 2012）。しかし，その後の政治改革要求の発生や，ファハド国王による二聖都の守護者の称号を用いた伝統的支配の梃入れをみると，レントの配分も，合法的支配としての正統性を代替して，国民からの支持を調達するには不十分のようにみえる。以上にかんがみると，サウジラビアにおいて，伝統的支配による正統性の主張は，国民からの支持を調達し，体制の安定を導き出す効果があると体制によって認識されており，国民に効いていることが推察される。

そこで本章では，サウード家による支配の確立，とくにマッカとマディーナの二聖都が位置するヒジャーズ地方の統治に焦点を当てて，伝統的支配による正統性の主張によって，君主およびサウード家がサウジラビアの統治においていかに国民からの支持を調達し，体制の安定を導き出そうとしているか，それに対する国民の受容への効果と態度とともに論じる。ヒジャーズ地

方において，サウード家の統治は在地の有力者による要請に基づいて開始され，統治の初期には市民の政治参加の公式なチャンネルとして，市民議会や諮問評議会が設けられていた。しかしながら，サウード家の統治は，市民の政治参加を制限する一方で，二聖都の守護者として統治の正統性を構築し，維持することに努めてきた（Kéchichian 2001, 81-83）。以下，第1節では，サウード家による国家建設（征服）事業における統治の正統性原理の導出，第2節ではヒジャーズ統治について，二聖モスクの守護者の称号を用いるに至る転換と，その実践としての二聖都の整備の取り組み，第3節では，統治の正統性を維持・再構築するための手段としてアブドゥッラー国王（'Abd Aullāh bin 'Abd al-'Azīz Āl Sa'ūd，第6代，在位：2005～2015年）以降の二聖都の再開発事業の政治的意味と効果を検討する。

第1節　国家建設とサウード家による統治の正統性原理

1．サウード家による支配の確立

サウジアラビアの国家建設は第一次サウード朝（1774/5～1818年）まで遡り，その起源はイスラームの改革を唱えていたムハンマド・イブン・アブドゥルワッハーブ（Muḥammad ibn 'Abd al-Wahhāb）とそれを支えるサウード家のムハンマド・イブン・サウード（Muḥammnad ibn Sa'ūd）との盟約にある。サウード朝の成立は，アラビア半島中央部における部族社会の政治的分裂を克服し，定住民の強力な政治連合の形成に成功したことを意味する。第一次サウード朝はオスマン帝国に挑んだがために打ち破られた。その後，第二次サウード朝（1829～1889年）が再興されたが，それも一族内の内紛と，対抗勢力としてのラシード朝との争いに敗れて瓦解した。後に第三次サウード朝を再興し，サウジアラビアの初代国王となったアブドゥルアジーズはクウェートに逃れ，当時のクウェート首長であるムバーラク・サバーフ（Mubārak bin Ṣabāḥ al-Ṣabāḥ, 大ムバーラク）に師事した。アブドゥルアジーズは1902年にナジュドへ密かに戻って挙兵し、ラシード家を破ってナジュドの支配権を奪回したのち、旗下の部族を糾合してイフワーン軍団を組織して、アラビア半島の征服活動を開始した。1925年には、ヒジャーズ地方の名望家（「ヒジャーズ祖国党」）の支持と協力を得てヒジャーズを併合し、1932年に国号をサウジアラビアと定め、イギリスの承認を得て国際的に国家としての承認を得た。サウジアラビアは部族社会とみなされているが、実際の支持基盤は定住民であり、商人層やウラマー（イスラーム法学者）が中心であった（中村 2001, 85-89; 2009）。

　サウード家が、その統治を確立するにあたって統治の正統性原理を支える要素となったのは、理念的にはワッハーブ主義の宣教活動との政教盟約であったが、同時にナジュド地方に系譜の起源をもつ部族集団としての伝統と、それに立脚しつつ、国際情勢にも対応し、多様な人材を惹きつけ、彼らを使いこなしたアブドゥルアジーズ個人のカリスマも重要であった。これらの要素は、アラビア半島の征服活動を進めるあいだは非常に有効であったが、都市化が進んでいたヒジャーズ地方やシーア派人口が一定を占めるハサー地方（東部州）の統治にあたっては不十分であった。ワッハーブ主義が掲げる理念やナジュドを起源とする部族集団としての伝統は、これらの地域の人びとにとって受け入れ易いものではなかった（Ibrahim 2006, 47, 55-58; Ochsenwald 2009, 83-86）。

　アブドゥルアジーズが1953年に亡くなり、1950年代からのナセル主義や、1970年代のムスリム同胞団の台頭、1979年イラン革命によるシーア派の政治的主張の顕在化といった、外部の対抗理念によるサウード家の統治体制に対する批判や、国内への影響が増すなかで、国民に幸福と安寧をもたらす人間の行為としての最高善の体現者という新たな統治の正統性原理（eudaemonic legitimacy）が確立された。実質的には石油危機によって増加した石油収入を補助金や無償の公共サービスとして提供し、国民の物質的な必要を満たす典型的なレンティア国家であり、石油価格の下落とともに分配の限界が格差と

第8章　サウジアラビアの聖地管理と再開発　　153

して露呈し，汚職・腐敗批判へとつながった（Nibloc 2006, 10-13; Gause Ⅲ 2015, 24-30）。しかしながら，サウジアラビアにおける最高善の体現者という統治の正統性原理の特色は，恩恵として物質的な必要を満たす対象が国民に限定されず，二聖都の巡礼者に対しても適用されたところにある。これによって，サウジアラビアの国王たちは，単なる恩恵の分配者ではなく，二聖都の守護者（custodian）として国内外からの威信と名声を獲得し，統治の正統性原理の維持・再構築を図っていった。

2．サウジアラビアにおける国民意識形成の難しさ

　サウジアラビアは国名に支配一族名が入っていることや，ワッハーブ主義の影響から，国民国家形成が困難な状況にある。困難な状況の具体的な内容としては，アイデンティティは複合的で，国民意識よりもムスリムであるという意識が先行するという特徴がある（冨塚 1993; Yamani 2000, 10-14）。また，ワッハーブ主義による制約によって，文化装置としての国家的祝祭を大々的に行うことが難しく，政治的・社会的動員によって国民意識を醸成するのは困難である。石油時代の到来によって，国民へのレントの配分と，大量の外国人労働者の流入は，国民意識とはいえないまでも，彼らとは違うという「われわれ」意識の形成には寄与している。国民意識よりもムスリムとしての意識が先行する背景には，先述のワッハーブ主義による制約に加え，1950年代からのナセル主義への対抗として，ファイサル国王（Fayṣal bin ʿAbd al-ʿAzīz Āl Saʿūd，第3代，在位：1964〜1975年）が汎イスラーム主義を唱導したこと，政府としてイスラーム的伝統の創造につとめ，「イスラーム，そして王と祖国」という言説が強調されたことが背景にある（中村 2001, 108-112）。

　サウジアラビアはクウェートと異なり，征服王朝であること，国名に支配一族の名を含むことから，征服された部族などからの「サウジ人意識」への抵抗を克服するという課題がある。サウード家による統治の正統性の位置づけは，武力による征服ではなく，イスラームの保護者，シャリーアを施行す

る統治力がサウード家の正統性の基盤であるとしている。しかし，国民から
は依然として半信半疑であり，サウード家の統治はワッハーブ主義に必要な
権力基盤を提供していると同時に，その理想を汚す代表者としてもみなされ
ている問題がある。

　国家主導による国民意識創出の試みとして，中村（2001）は，以下の2段
階の取り組みを明らかにしている。第1段階は「超部族的コミュニケーショ
ン」の創出とされ，国内での共通点を強調する言説を流布していくものであ
る。具体的には共通の出自として，アラビア半島のアラブ概念を祖国（ワタ
ン）概念として強調し，同一文化としてナジュドの文化を国民文化として定
着させ，そのための手法として，民族文化の祭典であるジャナドリーヤ祭を
開催している。他方で，宗教に関しては東部のシーア派や南部のザイド派の
問題が残る。第2段階は，教育やメディアを政府が独占することによって，
国民アイデンティティの創出を図るものである。具体的にはスポーツ振興に
よって，サウジアラビア代表への応援を通じた一体感の創出を図ったり，
「二聖都の守護者」として，イスラームに対する，あるいは世界におけるサ
ウジアラビアの重要な役割を強調し，サウジ人としてのプライドを昂揚する
といったことが行われている。また，イスラームの導きと安定による発展に
サウード家のリーダーシップを強調している（中村 2001, 104-108, 112-113）。

　アブドゥッラー国王のイニシアティブによる国民対話の取り組みのような
国内融和を高める努力も続けられているが，サウジアラビアにおいて国民意
識はいまだ形成途上であり，国家主導の取り組みについての成果に対する評
価は定まっていない（AGSIW 2016）。さらに，サウード家による統治の正統
性も，ムスリムとしての意識が先行している立場の人びとに対しては必ずし
も確立されてはいない。

　3．聖地の管理者・宗教儀礼の主宰者としての権威表出

　世俗的な手法によって，国王と国民の関係を制度化することが困難なサウ

ジアラビアにおいて，ムスリム意識が高い「国民」にとって効果的なのは，宗教儀礼を通じて，ワッハーブ主義の宣教活動との政教盟約に基づく正統なイスラーム国家の守護者であることを示すことである。そのための方法として，断食明けの犠牲祭や大巡礼に際してマッカの聖モスクの中心にあるカアバ神殿を覆うキスワと呼ばれる黒い布の交換と清めの作業に国王やサウード家のメンバーから任命されたマッカ州知事があたるなど，宗教儀礼を通じた権威の表出によって，サウード家の権威を高め，統治の正統性原理の確立を図ってきた（Podeh 2011; Piscatori 2005）。これらの儀礼行為は，国営テレビでの中継を通じて，「見せる」対象にサウジアラビア国民を設定しているが，儀礼行為そのものがもつ意味は，サウジアラビア国民に限定されず，全世界のムスリムが対象となっており，国外からの二聖都の守護者としての権威の承認も統治の正統性を支える要素となっている（Long and Maisel 2010, 54-61）。国外からの権威の承認は，サウード家にとっては聖都の守護者としての務めを果たしていることを国民にアピールすることで，国内からの支持を高める正の増幅効果をもつものとなる。

第2節　ナジュドとヒジャーズの統治者から二聖都の守護者への転換

1．サウード家によるヒジャーズ統治の開始と聖地管理

　初代国王であるアブドゥルアジーズがヒジャーズを併合し，統治を開始したのは在地の有力者によって構成された「ヒジャーズ祖国党」や商人たちの要請によるものであった。無論，アラビア半島の統一をめざすうえで，商業の中心地であり，世界中から巡礼者が集まる同地方の併合と統治は征服活動の目標に入っていたものではあるが，併合に至る経緯がその後のサウード家によるヒジャーズ統治のあり方を方向づけた。1924年にマッカ，1925年にマディーナとジッダを占領するまで，ヒジャーズ地方は預言者ムハンマドの血

を引くハーシム家のフサイン・イブン・アリー（Ḥusayn ibn ʿAlī al-Hāshimī）によって統治されていた。フサインはヒジャーズ王国の建国を宣言し，オスマン帝国の自治領からの独立を図ったが，イギリスからの援助を断ったことによって財政状況が厳しくなり，ヒジャーズの商人たちに重税を課していた。また，1924年にトルコ共和国によってオスマン帝国以来のカリフが廃位されたことを受け，彼はカリフを自ら称したが，僭称ととらえられ，アラブ世界のなかで孤立化していた。アブドゥルアジーズは，マッカ占領後，退位したフサインの後を継いだ息子のアリー（ʿAlī ibn Ḥusayn al-Hāshimī）を追放し，1926年にヒジャーズ王につき，ナジュドとヒジャーズの王を名乗った（1932年に国号をサウジアラビア王国に変更）。

　アブドゥルアジーズは，ヒジャーズを統治するにあたって，在地のウラマー（イスラーム法学者）や名望家を体制に取り込んでいったが，その際，自らが組織し，ワッハーブ主義の宣教集団で征服活動の担い手であったイフワーンの扱いに苦慮することとなった。イフワーンはワッハーブ主義の厳格な解釈に従って，聖都の由緒ある墓廟などをイスラームからの逸脱として破壊活動を行い，巡礼団を襲撃して略奪するなどの行為を働いており，地域住民の反発を受けていた。アブドゥルアジーズはナジュドのウラマーをヒジャーズのウラマーと会談させて協議解釈のすり合わせを行い，イフワーンの行為を止めさせ，ヒジャーズ統治にかかわらせなかった。イフワーンは反発したが，アブドゥルアジーズはシャイフ家やおもだったウラマーに自らの政策を納得させて体制内に組み込むことで，政教盟約関係を損なうことを回避し，イフワーンを反乱軍として処分することが可能となった。

　アブドゥルアジーズは市民に迎えられてヒジャーズ王についた経緯から，市民の政治参加を歓迎する姿勢を示したが，自らの統治を貫徹させるため，ウラマーとともに有力商人を中心に構成されていた市民議会の改編・解体を進めた。アブドゥルアジーズは1925年12月に在地の有力者を招集して大会議を開催し，ヒジャーズ統治の政体と基本的な勅令の草案を審議させ，翌1926年8月にヒジャーズ王国基本勅令を公布した。基本勅令では，マッカにおか

れた諮問評議会のほか，マディーナとジッダに設置された行政議会，その他
の地区議会，村・部族議会，マッカとマディーナ，ジッダに設置された市議
会の5種類の議会が設置された。しかしながら，議員はすべて国王による任
命制であり，行政府の長が議長を務めることから，行政に対する独立性は有
していなかった（中村 2002, 480-485）。祖国党の幹部であった在地の名望家
たちは，行政官として統治機構のなかに取り込まれていったが，一部は反サ
ウード家勢力として，「ヒジャーズ解放党」を1927年に結成した。しかしな
がら，1928年にはヒジャーズ地方で拠点を失い，1932年にはヒジャーズ奪還
をめざしてアカバから侵攻を図ったものの撃退され，サウード家の統治に反
対する勢力は一掃された。

　アブドゥルアジーズはサウード家によるヒジャーズ統治を確立した後も，
リヤドとジッダを往復し，ヒジャーズの有力者を通じた民心の把握に努めた。
後に国王となる息子のファイサルがヒジャーズ州知事を務め，巡礼団の受け
入れ拡大のための整備が進められた。ヒジャーズ地方はサウジアラビアのな
かでは人口密度が高く，早くから都市化も進んでいたが，代々の国王によっ
て二聖モスクの拡張と設備の近代化が進められ，巡礼者の受け入れ数は拡大
の一途をたどった（MOI 1976）。1950年には約10万人だった巡礼者は，5年
後には倍の20万人を超え，1983年には100万人を超えた。巡礼者が年々増加
する一方，1970年代以降は，首都リヤドへの人口集中に対応した都市整備や
近代化が優先されるようになったこともあり，過密化する巡礼団への対応が
十分には追いつかず，圧死など巡礼中の事故に巻き込まれる人数も増加傾向
にあった[4]（Tagliacozzo and Toorawa 2016, 132）。

2．ファハド国王による称号変更と聖モスク拡張

　サウジアラビアの国王で「二聖都の守護者」を称するよう変更したのは，
ファハド国王であった（1986年）。ファハド国王がこの称号を用いた背景には，
二聖都をめぐる状況の変化と1979年のイラン革命の影響によって，サウード

158

家の統治の正統性が脅かされたことによる。革命後イランの最高指導者となったホメイニーがサウード家の支配を批判し，革命を扇動したことに加え，同年にはイフワーンの指導者であったスルターン・ビン・バジャード・オタイビー（Sulṭān bin Bajād al-'Utaybī）の孫を首謀者とするマッカの聖モスク占拠事件が発生した。こうした挑戦に対し，1982年に即位したファハド国王は上述のとおり，国王の称号を変更するとともに，守護者であることを視覚的に示すべく，巡礼団の受け入れ拡大とそれに合わせたマッカとマディーナの二聖モスクの拡張事業に取り組んだ。二聖モスクの改良事業自体は，代々の国王によって担われてきたが，ファハド国王による拡張事業は，それまでで最大規模となり，費用総額は700億リヤル（約2兆円：当時）を超えたといわれている。また，ファハド国王は憲法に相当する統治基本法を1992年に制定したが，そのなかに巡礼者の安全と安心の確保を政府の義務として書き込み，制度化した（第24条）（Piscatori 2005）。

　ファハド国王によるマッカとマディーナの二聖モスクの拡張事業は，巡礼者の安全と安心の確保の実践であったが，同時に，近代化の象徴として，エスカレーターや空調システムなど，最新設備を導入することで巡礼者の負担軽減を図るとともに，アッラーの威光を示すというかたちをとって，サウジアラビアの発展とそれを実現させた国王の威信を示すものであった。マディーナの預言者モスクは1984年に，マッカの聖モスクは1989年に，国王が礎石を据える定礎式によって整備事業は開始された。1990年代に入り，巡礼者が100万人を超えることが常態化した状態で，巡礼中には大規模な圧死事故も発生したが，1996年にはそれぞれ100万人が収容可能なかたちで拡張された。ファハド国王による拡張事業は，二聖都の守護者として二聖モスクの保全と維持管理，巡礼者への便宜を図るという務めを果たし，過不足なく執り行っていることを国内外のムスリムに知らしめ，守護者としての国王への感謝と信頼を獲得することを期待したものであった。

　1980年代のサウジアラビアは，逆石油ショックと称する石油価格の低迷にもかかわらず，高福祉政策を維持しており財政が厳しい状況にあった。加え

て，油田地帯でありながら開発が遅れ，シーア派住民の不満が高まっていた東部州のインフラ開発が優先され，リヤドを中心とするナジュド地方とヒジャーズ地方の開発は後回しにされていた（Abir 1993, 107-109）。かかる状況が意味するところは，伝統的支配による統治の正統性に対する内外からの挑戦による危機に，限られた資源の投入でできるかぎりの正統性の回復を図った方策が，ファハド国王による二聖モスクの拡張事業であったということである。ヒジャーズ地方では，二聖モスクの拡張とそれに相応した巡礼者の受け入れ設備の整備に重点がおかれ，都市開発としては不十分なとどまった面もあったが，巡礼者が100万人を超えることが常態化し，商業的な恩恵の拡大ももたらされたことで，おおむね国王への支持を保つことができたと評価される。

第3節　アブドゥッラー国王による再開発事業の展開

　ファハドの後を継いで国王となったアブドゥッラー国王は，ファハド国王の路線を継承して国内の政治過程の制度化を進めるとともに，200万人に迫る勢いとなった巡礼者の受け入れのため，さらなる二聖モスクの拡張事業に取り組んだ。アブドゥッラー国王は，晩年，ファハド国王と同様かそれ以上に改革者として評価されたが，それは，彼がファハド国王の制定した統治基本法と，それに基づき設置した諮問評議会を継承し，政治的な意思決定過程や国民の政治参加の制度化を進めてきたことにある。1995年にファハド国王が脳梗塞で倒れてからは，皇太子兼摂政として実質的に国政を仕切っていたこともあるが，有識者による建白書提出を受けて，諮問評議会の拡張と女性議員の任命，地方評議会選挙の実施など，国民の政治参加について，公式なチャンネルの設定に努めた点で評価されている。しかしながら，諮問評議会は任命制であり，国民の主体的な参加という面では不十分で，合法的支配には程遠いままであった。

アブドゥッラー国王による二聖都の整備事業は，200万人以上の巡礼者を受け入れるべく大規模なものとなり，二聖モスクの拡張と合わせて，聖地の景観を大きく変貌させるものであった[5]。あわせて，巡礼者の玄関口となるジッダ国際空港の拡張と，同空港を挟んでマッカとマディーナを連絡する高速鉄道の建設も進められた。アブドゥッラー国王による整備事業が大規模なものとなった背景には，2000年代に入って石油価格が上昇し，財政的な手立てが可能となったことに加え，ドバイに代表される都市開発ブームと国威発揚につながる超大型・超高層建築の建設競争に刺激されたことがある。また，巡礼者の受け入れ拡大は，産業の多角化と民間部門の育成の一環として，巡礼と組み合わせた観光産業を振興し，石油に代わる財源となること，失業率が高い若年層の雇用創出が期待された。あわせて，後回しとなっていたインフラ整備も進められ，ヒジャーズ地方の居住者の不満解消が図られた。

マッカにおける聖モスクの拡張と，都市鉄道や街路の新設を伴う市街地の再開発事業は，その規模の広大さから，サウジアラビア国民はもとより巡礼に訪れるムスリムに対し，記念碑的なモニュメントとして国威発揚の効果を示したといえる。マッカではファハド国王以前に拡張整備された聖モスクの一部を解体して，北側に建物の拡張が進められており，完成すれば敷地面積はこれまでの倍以上となる。工事期間中は代替的に中心のカアバ神殿を取り囲むように円形のテラスが設置された。また，モスクの南側にはアブラージュ・アル・ベイト・タワーズと称される超高層ビルが建設され，2012年に開業し，6万5000人を収容可能なホテルが入居した。とくに，中央のホテル棟は世界最大の時計塔として再開発事業の目玉となった。モスク拡張と大規模な宿泊施設の整備は，巡礼者の快適性の向上として，大きく歓迎された。一方で，住民や宗教指導者のなかからは，聖モスク周辺の史跡の破壊や住民の立ち退きを伴ったことへの批判や，巡礼の商業化・観光化，富裕層向けのリゾート化が顕著で，巡礼者の費用が高騰することへの懸念もみられた。巡礼者を相手とした観光業や商業は拡大しつつあるが，付加価値税が導入されていないため財源の拡大効果は乏しく，雇用創出についても民間事業者は外国

人労働者への選好が依然として高く，政府が期待した経済効果が現れるまでには時間を要するという課題が残る。

　アブドゥッラー国王による二聖都の整備事業が，住民の利便性向上も視野に入れ，インフラ整備を進めている点については，まだ事業が完了していないため，目立った効果は現れていないが，住民の期待は大きく，進捗状況への関心も高い。それを反映してか，2014年以降に石油価格が急落すると，政府は事業予算の確保に対する不安解消に努め，事業の継続を繰り返しメディアを通じてアナウンスした。上述のとおり，1980年代以降，ヒジャーズ地方はインフラ整備が後回しにされていたこともあり，老朽化のため更新の必要が迫っていた。また，インフラ整備の遅れは，度重なる洪水の被害拡大を招いており，不十分な政府の対応に不満が高まり住民のデモが発生していた[6]。アブドゥッラー国王によって開始された，ヒジャーズ地方を対象とした開発事業は，同国王の没後，新たに即位したサルマーン（Salmān bin ʿAbd al-ʿAzīz Āl Saʿūd）国王のもとでも継続されている。都市交通を中心とするインフラ整備による住民の利便性向上に加え，紅海沿岸での新たな学術・科学技術産業都市の建設も進み，1990年代以降顕在化した民間部門の育成や若年層の雇用創出，高等教育の拡充と出口の確保といったサウジアラビアが抱える構造的な問題への対処が継続的に必要であり，問題解決の道筋をつけることで国民の支持を期待したものであった。

　アブドゥッラーとサルマーンの二代にわたる国王のもとで継続されている二聖都の開発事業は，伝統的支配による正統性を可視化し，その規模と記念碑的なモニュメントの建築によって国威発揚を図り，国民の支持を得ようとする政治的な意味が込められたものであった。2015年には，建設クレーンの倒壊や巡礼者の殺到による大規模な将棋倒し事故など，開発による歪みも現れており，外交関係の悪化したイランから，聖都と巡礼の管理資格を欠いていると伝統的支配の主張に対する批判を受けた[7]。事故への対応の拙さは，国内からも批判と安全性への不信を招き，国王の威信を低下させかねない負の増幅効果も懸念された。しかし，国内では，施工業者や関係者の処分が不

十分であるとの声は表立って上がっておらず，政府の意図するところは，国民に受け入れられているようである。他方で，事業を担当する業者との入札や契約に絡んだ腐敗と汚職の問題への対処が注目されており，再開発事業には，関連する商工会議所の主要メンバーなどビジネス界向けへのレントの配分の側面もあることがわかる。二聖都の再開発事業による伝統的支配の正統性は，レントの分配によって有力な事業者を体制に取り込み，レント配分の恩恵を直接受けない人びとに対しても，利便性を提供し向上を図るかたちで聖都の守護者の役割を具現化し，国民の支持を調達するというメカニズムが稼働しているといえる。

おわりに

　本章では，サウジアラビアにおける，サウード家の統治の正統性原理について，二聖都を抱えるヒジャーズ地方の統治の確立と，統治が確立される過程で，二聖都の守護者として巡礼者を迎え，その安全と安心を守るという務めを果たすことによって，威信を獲得し，統治の正統性原理を維持・再構築していくための実践について検討してきた。サウジアラビアはその建国過程において，征服王朝であることとワッハーブ派の宣教運動との政教盟約関係が統治の正統性原理の要素となっていたが，ヒジャーズ地方を統合し，市民の政治参加を制限する一方で，二聖都の守護者として新たな統治の正統性を構築し，維持することに努めてきたことが明らかにされた。ファハド国王による「二聖都の守護者」という称号の使用開始とその実践としての二聖モスクの拡張整備は，外部の対抗イデオロギーに基づくサウジアラビアの体制批判および国内への影響に対抗し，アッラーの威光を示すというかたちをとって，近代化というサウジアラビアの発展とそれを実現させた国王の威信を示し，巡礼者の感謝と信頼を国民にアピールすることで，国内からの支持を高める正の増幅効果を期待したものであった。

ファハド国王が統治基本法を制定し，諮問評議会を設置して，政治過程の制度を進め，アブドゥッラー国王がそれを引き継いだが，サウジアラビアでは諮問評議会は国民の政治参加のチャンネルとはなり得ていない。アブドゥッラー国王の二聖都の再開発計画は街の景観を大きく変える大規模なものであるが，聖都の守護者としての巡礼者の受け入れ拡大や便宜供与に加え，ヒジャーズ地方の開発や，観光立国の一環としての意味合いも込められたものであった。この二聖都の再開発事業は，サウジアラビアが直面する国内課題である脱石油の経済構造の多角化や若者の失業という問題に対する解決策を示すことで国民の支持を獲得し，統治の正統性を維持・再構築しようとするものである。しかし，国民に限定されない，巡礼者への対応を前面に出すことで，巡礼者による評価や信頼が得られ，それによって副次的でありながら，国内の統治の正統性原理の受容につながる，というサウジアラビアの特色が明らかにされた。

〔注〕────────────
(1)　ムハンマド・イブン・アブドゥルワッハーブによる復古主義・純化主義のイスラーム改革運動。思想的には預言者ムハンマドとその教友（サラフ）たちの世代の言行による範例（スンナ）を重視するサラフ主義の系譜に位置づけられる。ワッハーブ派は他称であり，彼ら自身はサラフ主義を自認している（高尾 2014）。
(2)　「二聖都の守護者」は，歴史的にイスラームの二聖都であるマッカとマディーナを統治し，マッカの聖モスクの中心にあるカアバ神殿を覆う布（キスワ）を大巡礼の際に取り換えるため奉納する権利をもった王朝の君主が用いた称号であった。
(3)　タラール・ビン・アブドゥルアジーズ（Ṭalāl bin ʿAbd al-ʿAzīz Āl Saʿūd）王子を中心として，政党の結成と選挙の実施による立憲君主制の樹立をめざした活動。
(4)　巡礼者数に関するデータについては，General Authority for Statistics にある各年の *Hajj Statistics Annual Report*（https://www.stats.gov.sa/en/28，2017年7月25日最終閲覧）を参照。
(5)　アブドゥッラー国王による聖モスク拡張計画（歴代国王の拡張事業への言及も含む）および都市開発計画については，以下を参照。Makkah Region De-

velopment Authority（http://www.mrda.gov.sa/en/, 2017年 7 月25日最終閲覧）；
"Makkah Development Plan valued at SAR 100b" *ME Construction News*, June 22,
2011（http://meconstructionnews.com/635/makkah-development-plan-valued-at-
sar-100b, 2011年 6 月22日最終閲覧）；"Saudi overhaul reshapes 'unrecognisable'
Makkah" *Dawn*, October 1, 2014（https://www.dawn.com/news/1135516, 2014年
10月2日最終閲覧）；Saudi-US Relations Information Service, "Third Expansion for
the Grand Mosque in Mecca" July 13, 2015（http://susris.com/2015/07/13/third-ex-
pansion-for-the-grand-mosque-in-mecca/, 2015年 7 月14日最終閲覧）.

⑹　"Saudi plans Jeddah projects after floods, protests" *Reuters*, February 2, 2011
（http://www.reuters.com/article/saudi-floods-idAFLDE71108S20110202, 2011年 2
月 3 日最終閲覧）.

⑺　"Iran president: 'Punish' Saudi Arabia for 2015 hajj disaster" *AP NEWS*, Sep-
tember 7, 2016（https://www.apnews.com/50b6556eb1a44a55b2aeba674660256d,
2016年 9 月 8 日最終閲覧）.

〔参考文献〕

＜日本語文献＞

コーデスマン，アンソニー・H. 2012.（中村覚監訳／須藤繁・辻上奈美江訳）『21
　　世紀のサウジアラビア――政治・外交・経済・エネルギー戦略の成果と挑
　　戦――』明石書店．

高尾賢一郎 2014.「サウジアラビアにおけるサラフィー主義の位置づけ――建国思
　　想，スンナ派正統主義，そしてカウンター・テロリズムへ――」『中東研究』
　　520, 65-73.

冨塚俊夫 1993.「ナショナル・アイデンティティーとしての部族意識――サウディ
　　アラビアを中心に――」酒井啓子編『国家・部族・アイデンティティー
　　――アラブ社会の国民形成――』アジア経済研究所 29-78.

中田考 1995.「ワッハーブ派の政治理念と国家原理――宣教国家サウディアラビア
　　の成立と変質――」『オリエント』 38(1) 79-95.

中村覚 2001.「サウディアラビア王国の国民アイデンティティの成立――過程と特
　　性――」小杉泰編『サウディ・アラビアの総合的研究』（平成12年度外務省
　　委託研究報告書）日本国際問題研究所 81-124.

――― 2002.「サウディアラビア王国の国家形成と支配基盤――都市民と遊牧部族
　　民の政治的役割の分析にむけて――」博士（国際文化）論文 東北大学．

――― 2009.「サウディアラビア王国の国家形成と支配基盤――方法論的検討――」

『近代』101，5月　89-127.

森伸生　2014.『サウディアラビア──二聖都の守護者──』山川出版社.

＜英語文献＞

Abir, Mordechai 1993. *Saudi Arabia : Government, Society, and the Gulf Crisis*, London: Routledge.

AGSIW（The Arab Gulf States Institute in Washington）2016. Gulf Societies in Transition: National Identity and National Projects in the Arab Gulf States, Washington D. C.（http://www.agsiw.org/wp-content/uploads/2016/06/National-Identity_Web-1.pdf, 2017年7月25日最終閲覧）.

Gause III, F. Gregory 2015. "Oil and Political Mobilization in Saudi Arabia" In *Saudi Arabia in Transition: Insights on Social, Political, Economic and Religious Change*, edited by Bernard Haykel, Thomas Hegghammer, and Stéhane Lacroix, New York: Cambridge University Press, 13-30.

Ibrahim, Fouad 2006. *The Shi'is of Saudi Arabia*, London and Berkeley: Saqi Books.

Kéchichian, Joseph A. 2001. *Succession in Saudi Arabia*, New York: Palgrave.

───── 2013. *Legal and Political Reforms in Sa'udi Arabia*, Abingdon and New York: Routledge.

Long, David E., and Sebastian Maisel 2010. *The Kingdom of Saudi Arabia*, Gainesville: University Press of Florida.

MOI（Ministry of Information）1976. *Expansion of al-Harameyn al-Sharifeyn*, Dammam: Al-Mutawwa Press.

Niblock, Tim 2006. *Saudi Arabia: Power, Legitimacy and Survival*, London: Routledge.

Ochsenwald, William 2009. "The Annexation of the Hijaz" In *Religion and Politics in Saudi Arabia: Wahhabism and the State*, edited by Mohammed Ayoob and Hasan Kosebalaban, Boulder and London: Lynne Rienner, 75-89.

Piscatori, James 2005. "Managing God's Guests: The Pilgrimage, Saudi Arabia and the Politics of Legitimacy" In *Monarchies and Nations: Globalisation and Identity in the Arab States of the Gulf,* edited by Paul Dresch and James Piscatori, London and New York: I. B. Tauris, 222-245.

Podeh, Elie 2011. "Saudi Arabia: Between Religious and Secular Holidays." In *The Politics of National Celebrations in the Arab Middle East*, edited by Elie Podeh, New York: Cambridge University Press, 255-284.

Stenslie, Stig 2012. *Regime Stability in Saudi Arabia: The Challenge of Succession*, London: Routledge.

Tagliacozzo, Eric, and Shawkat M. Toorawa, eds. 2016. *The Hajj: Pilgrimage in Islam*, New York: Cambridge University Press.

Yamani, Mai 2000. *Changed Identities: The Challenge of the New Generation in Saudi Arabia*, London: Royal Institute of International Affairs.

索引

【人名】

アブドゥッラー I 世国王［ヨルダン］
133, 136, 144

アブドゥッラー II 世国王［ヨルダン］
17, 131, 138, 139, 142-145

アブドゥッラー国王［サウジアラビア］
151, 154, 159-161, 163

アブドゥルアジーズ・イブン・サウード
17, 149, 151, 152, 155-157

イーサー・ビン・アリー・アール・ハリー
ファ　55, 59, 64

イドリース1世［モロッコ］　110

ウェーバー（マックス・ウェーバー）
10-12, 29, 88, 134, 135, 149

ウマル（正統カリフ）　73

カーブース国王［オマーン］　16, 67-69,
71-73, 75-79

ガーリブ・ビン・アリー・ヒナーイー
70, 72

ザーイド大統領［UAE］（シャイフ・ザー
イド）　86, 87, 98

サイード国王［オマーン］　68, 72

サバーフ・アフマド　16, 46, 49

サルマーン国王［サウジアラビア］　17,
161

サルマーン・ビン・ハマド・アール・ハ
リーファ　55, 59

サルマーン皇太子［バハレーン］　60

ジャービル・アフマド　33-35

タラール・ビン・アブドゥルアジーズ・
アール・サウード　163

ナーセル・ムハンマド　42-44

ハサン2世国王［モロッコ］　110, 113,
118, 120-123, 128

ハマド首長／国王［バハレーン］　16,
56, 60, 65

ハマド・ビン・ハリーファ［カタル］
16

ハリーファ大統領［UAE］　17, 87, 93,
96, 98, 100, 105, 106

ハリーファ首相［バハレーン］　60

ハンティントン（サミュエル・ハンティ
ントン）　6, 22, 132

ファイサル国王［サウジアラビア］　19,
153, 157

ファハド国王［サウジアラビア］　149,
150, 157-160, 162, 163

フセイン国王［ヨルダン］　131, 136,
143, 144

ムバーラク・サバーフ（大ムバーラク）
16, 31, 32, 151

ムハンマド（預言者）　17, 20, 90, 110,
115, 127, 137, 144, 155, 163

ムハンマド皇太子［UAE／アブダビ］
87, 93, 96, 98

ムハンマド・イブン・アブドゥルワッ
ハーブ　151, 163

ムハンマド・イブン・サウード　151

ムハンマド副大統領兼首相［UAE］　87,
93, 96, 98

ムハンマド5世国王［モロッコ］　113,
118, 120, 122

ムハンマド6世国王［モロッコ］　17, 93,
109, 118, 121-124, 126

【アルファベット】

ANMクウェート→アラブ民族主義者運
動を見よ

GCC　18, 54, 56

UAE（アラブ首長国連邦）　3, 4, 17, 19-
21, 83-96, 98-107

【あ行】

愛国心（愛国主義）　84, 87, 89, 92, 101,
105, 125

アイデンティティ（帰属意識）　20, 70,
78, 101, 139, 153
　ナショナル――　71, 76, 88, 89, 92, 99-
101, 104, 105, 124, 125, 139, 154

アミール・アル＝ムウミニーン　17, 114,
116

アラウィー朝　17, 110, 115, 118, 119, 127
アラブ
　　——・ナショナリズム（アラブ民族主
　　　義）　37, 39, 56, 139, 144
　　——首長国連邦→ UAE を見よ
　　——大反乱　133, 136
　　——の春（政治変動）　3-6, 8, 12, 15,
　　　18, 21, 22, 53, 54, 67, 78, 79, 83-86,
　　　100, 102-106, 109, 121, 131, 133,
　　　140-142, 145, 150
　　——民族主義者運動（ANM クウェー
　　　ト）　32, 33
暗殺　18, 19, 133, 141
異議申し立て　27, 58, 61, 63, 77
イギリス　21, 31, 70, 71, 91, 133, 145, 152,
　　156
　　——委任統治領　17, 132
　　——（の）保護領　16, 17, 32, 55, 56,
　　　91
イスラーム　9, 58, 70, 88, 90, 110, 113,
　　114, 116, 119, 128, 135-137, 144, 151,
　　153, 154, 156, 163
　　——運動　138
　　——会派　39, 42
　　——憲政運動　38, 39
　　——国家　149, 155
　　——国　142, 143, 145
　　——法（シャリーア）　28, 36, 118, 128,
　　　153
　　——法学者（イスラー，ウラマー）
　　　56, 119, 152, 156
イスラーム主義　35, 37-40, 42-45
　　——政党　110
　　——勢力　23, 28, 37, 48, 49
イスラエル　131, 135-139
　　——・ヨルダン平和条約　137
イドリース朝　110, 117, 127
イバード派　70, 71
イフワーン　31, 152, 156, 158
イマーム　70-72
イラク　18, 19, 27, 34, 100, 131, 132, 140
イラン　18, 19, 37, 55, 56, 158, 161
　　——革命　33, 37, 56, 152, 157
インフラ整備　42, 68, 126, 159-161

ウィファーク　53, 57
エジプト　4, 53, 84, 85, 109, 132, 142
エスノクラシー　23
エリート　85, 141, 150
エルサレム　21, 135-139
王朝君主制　7, 8, 15, 16, 29, 54, 67, 111,
　　127, 132, 142
王党派　20, 28, 30, 36-40, 42-48
王令→勅令を見よ
汚職　4, 5, 46, 109, 125, 153, 162
オスマン帝国　30, 110, 132, 133, 138, 151,
　　156
オマーン　3-5, 11, 16, 18-20, 127
　　——・イマーム国　70
　　——・スルターン国　72

【か行】

カーラッピング　97-99, 101, 106
改革派　55, 83, 84, 104, 105, 107
外国人（外国人労働者）　18, 19, 88, 89,
　　98, 153
開発　33, 43, 44, 124, 126, 159, 161
　　——計画（プロジェクト）　43, 44, 46,
　　　48, 75, 78, 163
　　——独裁　48
カタル　3, 4, 16, 18, 21, 83, 91
カリスマ　16, 17, 21, 31, 76, 79, 135, 143,
　　152
　　——的支配　11, 88, 134, 143
カリフ（ハリーファ）　73, 116, 156
慣習　15, 20, 59, 60, 76, 114
　　——法　128
議院内閣制→政党内閣制を見よ
議会（国民議会，国家諮問議会，諮問評
　　議会）　5, 6, 14, 18-20, 21, 23, 27-30,
　　32-40, 42-49, 56-59, 62-64, 68, 69,
　　75, 79, 100, 102, 109, 111, 113, 114,
　　125, 133, 141, 142, 150, 151, 157, 159,
　　163
　　——解散権　32, 126
　　——政治　6, 11, 14, 20, 27, 28, 31, 33,
　　　35, 37, 38, 42, 48, 64
　　——制度　6, 15, 20, 23, 29, 30, 47, 57,

59, 62, 68, 78, 111
帰属意識→アイデンティティを見よ
記念日　20
　即位——　117-119, 121, 122, 128
　建国——　21, 83, 84, 90-106
行幸　5, 14, 16, 20, 67, 69, 72-79, 115
儀礼　20, 109, 111, 116-118, 125, 126, 155
　王朝——　14, 15
　国家——　14, 21, 124
　宗教（的）——　21, 126, 154, 155
　伝統（的）——　112, 123
近代化　4-6, 11, 37, 55, 56, 59, 68, 72, 76,
　79, 86, 88, 132, 139, 150, 157, 158,
　162
　——政策　4, 33
クウェート　3, 4, 6, 11, 16, 18, 20, 64,
　100, 102, 151, 153
クーデター　18, 19, 53, 56, 71, 120, 127,
　131-133, 144
黒い9月事件　19, 134, 139, 141
権威　3, 27-29, 34, 90, 100, 115, 117, 118,
　140, 143, 149, 155
　——主義体制　23, 85, 102, 134
　——の源泉　21, 137, 143
　君主制——主義　8
　宗教（イスラーム）的——　9, 11, 15,
　23, 114, 115, 135, 137, 143
　政治的——　99, 101, 104
　伝統的——　15, 23, 135, 143
建白書　103, 150, 159
　——問題　83, 96, 100, 102, 103
憲法（国家基本法，統治基本法）　5, 11,
　14-17, 19, 20, 23, 27-30, 32-36, 43,
　46-49, 56, 93, 113, 114, 116, 120, 126,
　127, 140-142, 145, 158
　——改正　5, 6, 21, 28, 109, 119-121,
　126, 142
抗議運動，抗議活動→デモを見よ
公正開発党　110
合法的支配　11, 20, 29, 30, 33, 47, 48, 134,
　150, 159
コオプテーション→取り込みを見よ
国王のジレンマ　6, 11, 22, 132
国民

　——（意識の）形成→ネイション・ビ
　ルディングを見よ
　——国家　86, 110, 153
　——主権　29, 32, 35, 114
　——投票　21, 56, 109, 113, 114, 126
コスメティック・デモクラシー　135
国家
　——基本法→憲法を見よ
　——形成　13, 30, 89, 99, 140
　——建設　7, 14, 21, 31, 113, 126, 149,
　151
　——統合（統一）　68, 114, 139
　——と社会　6, 8, 22
国旗　74, 90, 91, 93, 95, 98, 100, 101
　——の日　90, 95, 101

【さ行】

最高評議会［UAE］　17, 93, 101, 105
サウード家（サウード朝）　17, 21, 149-
　155, 157, 158, 162
サウジアラビア　3, 4, 9, 11, 17-19, 21, 31,
　34, 70, 72, 133, 136
サバーフ家　16, 27, 29-32, 34, 35, 37, 47
ザヒール→勅令を見よ
サラフ主義　21, 37, 163
暫定法［ヨルダン］　141
ザンド朝　55
産油国　7, 85, 111, 127
シーア派　18, 19, 33, 37, 38, 53-57, 63, 65,
　139, 152, 154, 159
視覚的支配　69
資源　3, 9, 54, 159
　——ナショナリズム　35
　——（の）配分　7, 10, 62, 68, 69, 84-
　86, 88, 102, 104, 150
　——配分アプローチ　7, 10, 22, 23, 29
　政治（的）——　7, 87
　天然——　7, 19, 35, 36, 127, 131
支配の3類型　11, 29, 134, 135, 149
シャイフ家（ワッハーブ家）　17, 156
社会運動　22
社会的亀裂　13, 15, 18, 23, 30, 36-38, 54,
　68, 69, 71, 118

シャリーア→イスラーム法を見よ
シャリーフ　16, 17, 20, 110, 114-116, 125-127
自由化　20, 38, 62
宗教運動　115
自由主義的独裁　113
自由プリンス運動　150
祝祭（祝祭空間）　14, 15, 20, 21, 89, 90, 95, 98, 99, 153
首長令→勅令を見よ
殉教者記念日　90, 101
殉教者ムアーズ作戦　143
巡礼　21, 90, 149, 153, 155-163
肖像　87, 98, 100
植民地支配　9, 16, 114
新君主制例外論　8, 54
身体性　99
シンボル　29, 87, 90, 92, 100, 105, 119, 124, 125
人民行動会派（ポピュリスト）　35, 36, 39, 44, 48
スペイン　113, 120, 124, 128
　――保護領　17, 110, 117, 123
スルターン　16, 17, 70, 113, 118-120, 123, 128
スンナ派　18, 19, 37, 38, 53-55, 57, 63, 65, 71
政治
　――改革　5, 18, 19, 57, 59, 83, 84, 102-104, 110, 150
　――参加　5-7, 11, 23, 27, 32, 57-59, 61, 63, 68, 77, 78, 112, 150, 151, 156, 159, 162, 163
　――制度　11, 12, 21, 28, 62, 69, 73, 88, 102, 126, 133, 135
　――変動→アラブの春を見よ
聖者崇敬　114, 115
聖地管理　21, 135-138, 149, 155
政党　18, 27, 38, 49, 57, 110, 114, 133, 144, 163
　――制（複数政党制）　19, 111-113
　――政治　27
　――内閣制（議院内閣制）　5, 21, 27
正統性　10-16, 20-23, 28-31, 33, 35, 36,

43, 47, 48, 62, 77, 101, 115, 117, 134, 137, 149-151, 155, 158, 159, 162, 163
　――原理　20, 86, 152, 153, 155
　イスラーム的――　21, 111, 112, 114, 137
制度的アプローチ　6, 8, 10, 22, 29
征服王朝　21, 149, 153, 162
聖モスク　151, 155, 157-160, 163
石油
　――資源　4, 7, 8, 18, 19, 22, 35, 68, 83, 99, 127, 160
　――価格　43, 45, 152, 158, 160, 161
　――収入　23, 33, 54, 150, 152
説明責任　35, 36, 47
選挙　6, 20, 23, 27, 28, 31-35, 38, 40, 42, 43-49, 53, 56-58, 62, 68, 100, 109, 111-113, 120-122, 133, 141, 159, 163
想像の共同体　69

【た行】

ダール・アル＝イッティハード（連邦の家）　91
第一次世界大戦　21, 132, 133, 136
第一次中東戦争　136, 138
第三次中東戦争　136, 139, 145
体制転換　6, 8, 12, 22, 53, 54, 67, 102
チャンネル　3, 11-15, 22, 23, 29, 30, 62, 150, 163
　インフォーマルな――　5, 6, 20, 23, 38, 47
　公式な――　20, 29, 151, 159
　政治的――　88, 96, 103, 104
中間層　37, 38, 40, 44, 45, 84, 86, 103
忠誠（忠誠心）　72, 73, 78, 89, 90, 110, 125
　――の誓い→バイアを見よ
　――（の）表明　20, 49, 67, 79, 84, 91, 95, 96, 99, 101, 103, 104
チュニジア　4, 53, 84, 85, 109, 142
徴兵制　18, 89, 105
勅令（王令，ザヒール，首長令）　28, 33, 49, 57, 113, 118, 123, 128, 141, 156
テクノクラート　28, 103

索　引　171

デモ（抗議運動 , 抗議活動）　4-6, 18, 19,
　　53, 54, 67, 78-80, 109, 122, 125, 142,
　　161
伝統
　　――的支配　11, 31, 88, 134, 150, 159,
　　161, 162
　　――舞踊　93, 94, 96, 99
　　――文化　9, 88, 94
　　イスラーム的――　153
　　創られた――　15
統治基本法→憲法を見よ
ドファール反乱　71, 72
取り込み（コオプテーション）　9, 23, 28,
　　44, 49, 54, 67-73, 79, 102, 114, 122,
　　156, 157, 162

【な行】

ナジュド　19, 152, 154-156, 159
ナショナリズム　118, 139
ナセル主義　152, 153
西サハラ問題　18, 19, 120-123
二聖都の守護者　21, 149-151, 153-155,
　　157, 158, 162, 163
ネイション・ビルディング（国民［意識
　　の］形成）　7, 14, 21, 31, 76, 89, 99,
　　105, 112, 113, 125, 126, 134, 135, 138,
　　139, 151, 154

【は行】

ハーシム家　17, 133, 136, 137, 144, 156
バイア（忠誠の誓い）　16, 17, 20, 21, 107,
　　111, 112, 116-126, 128
発展改革会派　39, 45
バハールナ　54, 55
バハレーン　3, 4, 6, 16, 18, 20, 91
　　――解放イスラーム戦線　56
バラカ　115, 116, 127, 128
ハラム・アッシャリーフ　136-138
ハリーファ家　16, 54-56, 64
パレスチナ　19, 134, 136, 138, 139, 143,
　　145
　　――解放機構　139

反体制派　4, 54, 57
ヒジャーズ　19, 133, 150, 152, 155-157,
　　159-163
　　――解放党　157
　　――祖国党　152, 155
秘密警察　102
ブーサイード朝　16, 70, 73
部族
　　――会議（集会）　6, 14, 38, 95, 96, 98
　　99, 101, 102, 106
　　――行進（統一の行進）　93, 101
　　――社会　4-6, 8, 9, 22, 58, 72, 77, 78,
　　151, 152
　　――祝賀広告　96-99, 101
　　――長　37, 38, 47, 48, 60-63, 65, 72,
　　74-79, 87, 103, 118
　　――連合　70, 106
フランス　113, 133
　　――保護領　17, 110, 117, 118, 123, 128
文化的アプローチ　6, 8-10, 22, 29
文化復興政策　89
分断統治（論）　23, 28, 29, 44, 68, 128
分配政策　35, 47
ベドウィン→遊牧民を見よ
ヘリテージ・ヴィレッジ　89, 94, 99, 105
ベルベル勅令　118
包括性　20, 62
ポリアーキー　20, 62

【ま行】

マグリブ　114, 117, 127, 128
マジュリス　18, 20, 54, 58-65, 87
マッカ　136, 149, 150, 155-158, 160, 163
マディーナ　73, 136, 149, 150, 155, 157,
　　158, 160, 163
マラブー　115, 125, 128
民主化　4, 34, 57, 68, 103, 107, 133
民主主義（民主制）　5, 27, 31, 34, 35, 48,
　　58, 62, 64, 112, 133, 135
ムスリム同胞団　37-39, 83, 84, 100, 104,
　　133, 152
メディア　28, 42, 49, 60-62, 75, 84, 96, 99,
　　118, 122, 125, 154, 161

モロッコ　3, 5, 7, 8, 11, 17, 19-21, 93, 135

【や行】

野党　6, 27, 28, 30, 31, 33-38, 40, 42-48, 102
遊牧民（ベドウィン）　19, 58, 59, 76, 138
ヨルダン　3, 7, 8, 11, 17, 19, 21, 127
　──第一主義　139
　トランス──　19, 133, 138, 139

【ら行】

ラマダーン　16, 18, 19, 60, 64, 65, 90, 103, 105
リーダーシップ　11, 154
リーフ戦争　123
立憲君主制　53, 54, 56, 62, 113, 140, 150, 163
立憲主義　21, 34, 35, 135, 140
立法権　5, 18, 19, 29, 32, 34, 57, 68, 102, 114, 140

リンチピン君主制　8, 15, 16, 68, 132, 142
ルネッサンス［オマーン］　76
レンティア国家論　7, 29, 54, 84, 111, 127, 132, 152
レント　7-9, 15-18, 22, 23, 29, 35, 36, 54, 62, 67, 72, 83, 111, 127, 132, 150, 153, 162

【わ行】

若者（若年層）　4, 43-45, 59, 63, 78, 79, 99, 160, 161, 163
ワクフ・イスラーム宗務省（ワクフ省）　136, 138
ワッハーブ
　──家→シャイフ家を見よ
　──主義　21, 152-156
　──派　149, 162, 163
湾岸諸国　4, 6-8, 53, 54, 56, 59, 67, 86, 103, 107, 127
湾岸戦争　27, 29, 34, 35, 38, 46, 131

複製許可および PDF 版の提供について

　点訳データ，音読データ，拡大写本データなど，視覚障害者のための利用に限り，非営利目的を条件として，本書の内容を複製することを認めます（http://www.ide.go.jp/Japanese/Publish/reproduction.html）。転載許可担当宛，書面でお申し込みください。

　また，視覚障害，肢体不自由などを理由として必要とされる方に，本書のPDF ファイルを提供します。下記の PDF 版申込書（コピー不可）を切りとり，必要事項をご記入のうえ，販売担当宛ご郵送ください。折り返し PDFファイルを電子メールに添付してお送りします。

　〒261-8545　千葉県千葉市美浜区若葉 3 丁目 2 番 2
　　日本貿易振興機構 アジア経済研究所
　　研究支援部出版企画編集課　各担当宛

　ご連絡頂いた個人情報は，アジア経済研究所出版企画編集課（個人情報保護管理者－出版企画編集課長 043-299-9534）が厳重に管理し，本用途以外には使用いたしません。また，ご本人の承諾なく第三者に開示することはありません。

アジア経済研究所研究支援部 出版企画編集課長

PDF 版の提供を申し込みます。他の用途には利用しません。

石黒大岳編『アラブ君主制国家の存立基盤』
【研究双書 630】2017年

住所 〒

氏名：　　　　　　　　　　　　　　年齢：
職業：
電話番号：
電子メールアドレス：

執筆者一覧

石黒　大岳（いしぐろ　ひろたけ）［第1，2，8章］
2011年，神戸大学大学院国際文化学研究科博士後期課程修了。博士（学術）。九州大学大学院人文科学研究院助教等を経て，現在，アジア経済研究所地域研究センター中東研究グループ研究員。おもな著作に，「サウジアラビアの後継問題と統治構造の変化」（『中東研究』523号，2015年），『中東湾岸諸国の民主化と政党システム』（単著，明石書店，2013年），「中東湾岸君主国における議会政治の展開」（『史淵』150輯，2013年）などがある。

村上　拓哉（むらかみ　たくや）［第3，4章］
2016年，桜美林大学国際学研究科博士後期課程満期退学。在オマーン日本国大使館専門調査員を経て，現在，中東調査会研究員。おもな著作に，「アラビア半島諸国——中東地域秩序における台頭——」松尾昌樹・岡野内正・吉川卓郎編『中東の新たな秩序』（ミネルヴァ書房，2016年），「湾岸地域における新たな安全保障秩序の模索——GCC諸国の安全保障政策の軍事化と機能的協力の進展——」（『国際安全保障』第43巻第3号，2015年）などがある。

堀拔　功二（ほりぬき　こうじ）［第5章］
2010年，財団法人日本エネルギー経済研究所に入所，中東研究センター研究員。2011年3月に京都大学大学院アジア・アフリカ地域研究研究科修了。博士（地域研究）。おもな著作に，「ポスト・ハリーファ期を見据えるアブダビ政治の動向——ムハンマド皇太子の研究——」（『中東動向分析』15巻4号，2016年），「『国民マイノリティ国家』の成立と展開——アラブ首長国連邦における国民／移民の包摂と排除の論理——」（錦田愛子編『移民／難民のシティズンシップ』有信堂高文社，2016年）などがある。

白谷　望（しらたに　のぞみ）［第6章］
2017年，上智大学大学院グローバル・スタディーズ研究科博士後期課程修了。博士（地域研究）。現在，同大学グローバル・スタディーズ研究科特別研究員。おもな著作に，「モロッコにおける権威主義体制持続のための新たな戦略——2011年国民議会選挙と名目的な政権交代——」（『日本中東学会年報（AJAMES）』30(1)，2014年），『君主制と民主主義——モロッコの政治とイスラームの現代——』（単著，風響社，2015年）などがある。

錦田　愛子（にしきだ　あいこ）［第7章］
2007年，総合研究大学院大学博士後期課程修了。現在，東京外国語大学アジア・アフリカ言語文化研究所准教授。おもな著作に，「ヨルダン・ハーシム王国におけるアラブ大変動の影響——内政と外交にかかわる政治・社会構造および直面する課題——」酒井啓子編『＜アラブ大変動＞を読む——民衆革命のゆくえ——』（東京外国語大学出版会，2011年），

『移民／難民のシティズンシップ』（編著，有信堂高文社，2016年），『ディアスポラのパレスチナ人——「故郷（ワタン）」とナショナル・アイデンティティ——』（単著，有信堂高文社，2010年）などがある。

—執筆順—

アラブ君主制国家の存立基盤

研究双書No.630

2017年10月16日発行　　　　　　　　定価［本体2700円＋税］

編　者　　石黒大岳

発行所　　アジア経済研究所
　　　　　独立行政法人日本貿易振興機構

〒261-8545　千葉県千葉市美浜区若葉3丁目2番2

研究支援部　　電話　043-299-9735
　　　　　　　FAX　043-299-9736
　　　　　　　E-mail syuppan@ide.go.jp
　　　　　　　http://www.ide.go.jp

印刷所　　日本ハイコム株式会社

Ⓒ独立行政法人日本貿易振興機構アジア経済研究所 2017
落丁・乱丁本はお取り替えいたします　　　　無断転載を禁ず
ISBN978-4-258-04630-0

「研究双書」シリーズ

（表示価格は本体価格です）

630	アラブ君主制国家の存立基盤				「アラブの春」後も体制の安定性を維持しているアラブ君主制諸国。君主が主張する統治の正統性と，それに対する国民の受容態度に焦点を当て，体制維持のメカニズムを探る。
	石黒大岳編	2017年	172p.	2,700円	
629	アジア諸国の女性障害者と複合差別				国連障害者権利条約は，独立した条文で，女性障害者の複合差別の問題を特記した。アジア諸国が，この問題をどのように認識し，対応する法制度や仕組みを構築したのか，その現状と課題を考察する。
	人権確立の観点から				
	小林昌之編	2017年	246p.	3,100円	
628	ベトナムの「専業村」				ベトナムでは1986年に始まる経済自由化により，「専業村」と呼ばれる農村の製造業内企業の集積が形成された。ベトナム農村の工業化を担う専業村の発展の軌跡をミクロ・マクロ両面から追う。
	坂田正三著	2017年	179p.	2,200円	
627	ラテンアメリカの農業・食料部門の発展				途上国農業の発展にはバリューチェーンの統合がカギを握る。ペルーを中心としたラテンアメリカの輸出向け青果物やブロイラーを事例として，生産性向上と付加価値増大のメカニズムを示す。
	バリューチェーンの統合				
	清水達也著	2017年	200p.	2,500円	
626	ラテンアメリカの市民社会組織				労働組合・協同組合・コミュニティ組織・キリスト教集団をはじめ，ラテンアメリカでは様々な市民社会組織がみられる。コーポラティズム論や代表制民主主義論を手掛かりに，近年のラテンアメリカ5カ国における国家とこれらの組織の関係性を分析する。
	継続と変容				
	宇佐見耕一・菊池啓一・馬場香織共編	2016年	265p.	3,300円	
625	太平洋島嶼地域における国際秩序の変容と再構築				21世紀以降，太平洋をめぐる地政学上の大変動が起きている。島嶼諸国・ANZUS(豪，NZ，米)・中国などの新興勢力による三者間のパワーシフトと合縦連衡の関係について，各分野の専門家により実証的に分析。現代オセアニアの国際関係を考えるための必読書。
	黒崎岳大・今泉慎也編	2016年	260p.	3,300円	
624	「人身取引」問題の学際的研究				人身取引問題は開発問題の底辺にある問題である。国際的アジェンダとなった人身取引問題という事象を，法学，経済学，国際関係論という複数のアプローチから包括的かつ多角的に分析する。
	法学・経済学・国際関係の観点から				
	山田美和編	2016年	164p.	2,100円	
623	経済地理シミュレーションモデル				空間経済学に基づくアジア経済研究所経済地理シミュレーションモデル（IDE-GSM）についての解説書。モデルの構造，データの作成，パラメータの推定，分析例などを詳説。
	理論と応用				
	熊谷聡・磯野生茂編	2015年	182p.	2,300円	
622	アフリカの「障害と開発」				「障害と開発」という開発の新しいイシューを，アフリカ大陸の5つの地域・国と域内協力について論じた。SDGsでアフリカの開発を念頭に置く際に，障害者たちの問題を取り残さないために必要な課題を整理。
	SDGsに向けて				
	森壮也編	2016年	295p.	3,700円	
621	独裁体制における議会と正当性				独裁者（独裁政党）が議会を通じていかに正当性を獲得し，体制維持を図っているのか。中国，ラオス，ベトナム，カンボジアの4カ国を事例に，独裁体制が持続するメカニズムの一端を明らかにする。
	中国，ラオス，ベトナム，カンボジア				
	山田紀彦編	2015年	196p.	2,400円	
620	アフリカ土地政策史				植民地化以降，アフリカの諸国家はいかに土地と人々を支配しようとしたのか。独立や冷戦終結は，その試みをどう変えたのか。アフリカの国家社会関係を考えるための必読書。
	武内進一編	2015年	275p.	3,500円	
619	中国の都市化				都市化に伴う利害の衝突がいかに解決されるかは，その都市または国の政治のあり方に大きく影響する。本書は，中国の都市化過程で，異なる利害がどのように衝突し，問題がいかに解決されるのかを政治学と社会学のアプローチで考察したものである。
	拡張，不安定と管理メカニズム				
	天児慧・任哲編	2015年	173p.	2,200円	
618	新興諸国の現金給付政策				新興諸国等において貧困緩和政策として新たな現金給付政策が重要性を増している。本書では，アイディアや言説の要因に注目して新たな政策の形成過程を分析している。
	アイディア・言説の視点から				
	宇佐見耕一・牧野久美子編	2015年	239p.	2,900円